名古屋弁
トキントキン講座

舟橋武志

風媒社

はじめに

名古屋弁と言うと、年配の人にはタモリのからかった「みゃーみゃー言葉」が思い浮かぶのではないか。しかし、あれは三十年以上も前の話で、その批判も若い人には無縁だった。それが図らずも蒸し返されたのが先ごろ放送されたNHKの「ブラタモリ」名古屋編で、新聞などは過去を振り返りながらニュースとして盛んに流していた。

当時は名古屋が随分からかわれたものだ。「みゃーみゃー、みゃーみゃー言っている」「言葉が汚くて、聞き取りにくい」「エビフリャーやみそ煮込みうどんなど、おかしなものを食べている」等々。筆者がある会合で上京した折、「名古屋から来た舟橋です」と切り出しただけで笑いが起こったものだ。

やや遅れて小学館は『ランダムハウス大辞典』を作った。その中の言葉「ジョークタウン」に「冗談の的になる町。東京でいうと名古屋」と解説した。これにはさすがに寛容な名古屋人も怒り、小学館側が次の版で改訂すると平謝りする一幕もあった。

東海テレビが一九八八年に三大都市で自分たちの言葉についてユニークな調査をしている。「非常に好き」「まあ好き」と答えた割合は東京の主婦八一・三%、主人七六・四%、大阪はそれぞれが七五・〇%と七三・九%、名古屋はと言うと三一・八%と四七・五%だった。名古屋人がいかに名古屋弁にコンプレックスを持っていたかが分かる。

笑われ萎縮していた名古屋だが、このごろはそんな雰囲気にない。この背景には二〇〇五年に愛知万博を成功させ、中部国際空港を開港し、駅前には超高層ビルを林立させた実績と自信がある。二〇〇八年に起きたリーマンショックの時も、堅実・倹約とバカにされてきた名古屋的堅実経営が見直され、これも大きな自信に繋がった。

「探偵！ナイトスクープ」というテレビ番組がある。松本人志が探偵局長を務め、視聴者からの相談に乗るというもの。かつて上岡龍太郎が探偵局長を務めていたとき、若いカップルから「東京出身の妻はバカといい、大阪出身の私はアホと言う。アホとバカとの境界線はどこになるのか」との疑問が持ち込まれた。

依頼を受けた探偵が新幹線の駅で降りては調べ、また乗るを繰り返す。「熱海はバカだな」「静岡もやっぱり同じ」。アホはどの辺りから出てくるのか。

名古屋で降りて調査すると、思ってもいない「タワケ」が出てきてびっくり仰天。この企画はバカ当たりし、何度も継続された。全国各地で何と言われているか、テレビを使った大規模で現代的な手法による方言調査となった。

その結果は後に松本修著『全国アホ・バカ分布考　はるかなる言葉の旅路』という本になり、方言を研究対象とする学会でも高く評価された。

『全国アホ・バカ分布考　はるかなる言葉の旅路』

いまここでその内容について触れている暇はない。非常に面白く、学問的にも重要な結論を導き出した本であり、興味のある方はぜひ読んでみてほしい。

この「タワケ」のように名古屋ならではの言葉は多い。「やっとかめ」「ずつない」「たいだい」「あだに」「おぞい」「だだくさ」「つうろく」「だいつう」「すたこく」等々（いくつ分かりますか）。本書ではその一つ一つをキーワードに、言葉の背景にあるものを歴史的、あるいは地理的・国語的など様々な角度から考えてみたい。

方言が廃れてゆくのは時代の流れだ。しかし、名古屋人は自信を取り戻し、名古屋弁に対するコンプレックスは薄らいできた。若い人たちにも関心を持ってもらいたいし、日ごろの会話にも取り入れていってほしいものだ。

タモリに言われるまで「エビフリャー」をそんなに食べていたわけではなかったが、いまは逆にこれを名物の一つにしてしまった。からかわれた食べ物は「名古屋めし」として大人気で、東京の人までがわざわざ食べに来るほど。方言は最も身近な無形文化財ともいえ、いま一度、考え直してみるのも無駄ではあるまい。

■住んでいる地域の「ことば」は好きですか？　非常に好き、まあまあ好きと答えた割合（%）

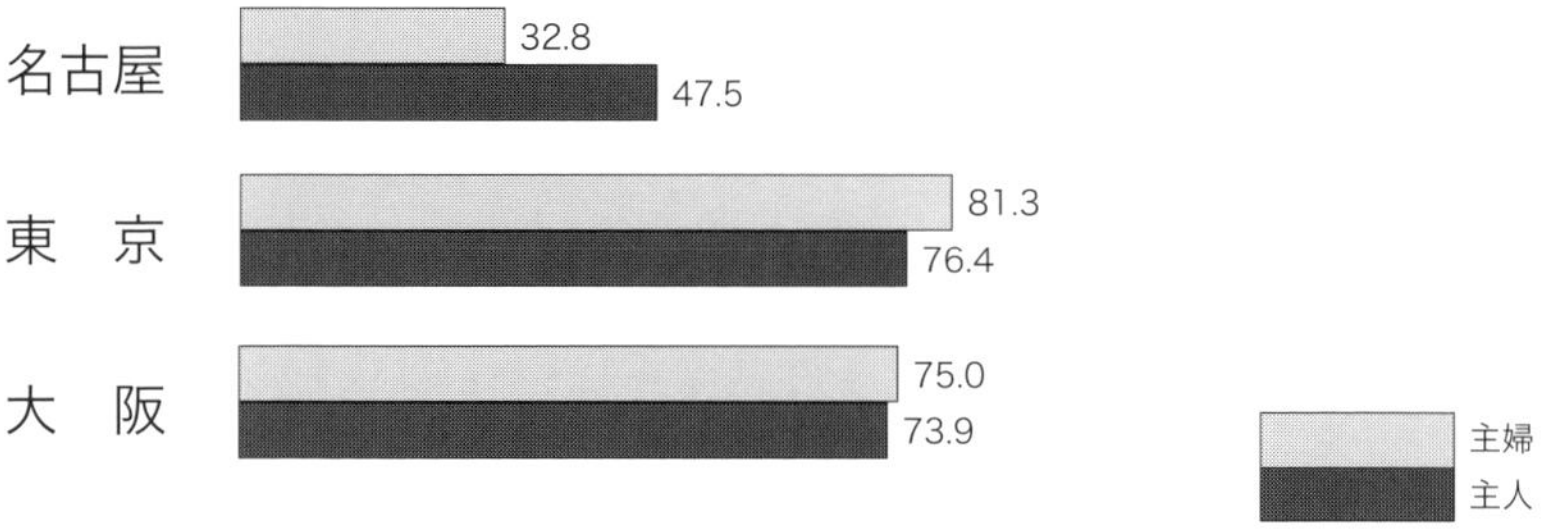

名古屋
32.8
47.5
東　京
81.3
76.4
大　阪
75.0
73.9
主婦
主人

■テレビドラマ内で、出演者が各地域の言葉を使っているのを聞いた時の主婦の印象（

	居住地	1位	2位	3位
名古屋弁を聞いた時	名古屋	親しみやすい 32.5	おもしろい 32.2	汚い 28.4
	東　京	おもしろい 37.0	聞き取りにくい 23.8	汚い 15.7
	大　阪	おもしろい 41.6	聞き取りにくい 23.8	こっけい 19.9
東京弁を聞いた時	名古屋	きれい 55.6	きつい 30.3	なまいき 19.4
	東　京	親しみやすい 52.3	きれい 37.0	きつい 23.4
	大　阪	きつい 60.2	なまいき 41.2	きれい 40.7
大阪弁を聞いた時	名古屋	親しみやすい 44.4	おもしろい 36.9	味のある 22.8
	東　京	おもしろい 35.7	きつい 35.3	親しみやすい 19.1
	大　阪	親しみやすい 67.3	味のある 27.9	おもしろい 24.8

「東海テレビレポート」No,32（1988年）よ

◆目　次

第五章 あそび 遊びが仕事であればよい

◎イラスト
中村 剛（なかむら・たけし）
一九六二年名古屋市生まれ。工業高校 デザイン科卒業後、デザイン事務所に勤務。二十四歳の時フリーとなり現在に至る。アクリル、水彩等手描きにこだわり、リアルな画風からコミック調、マークやロゴタイプ、キャラクターデザイン等々幅広く手がける。

第一章　れきし

名古屋弁にも歴史あり

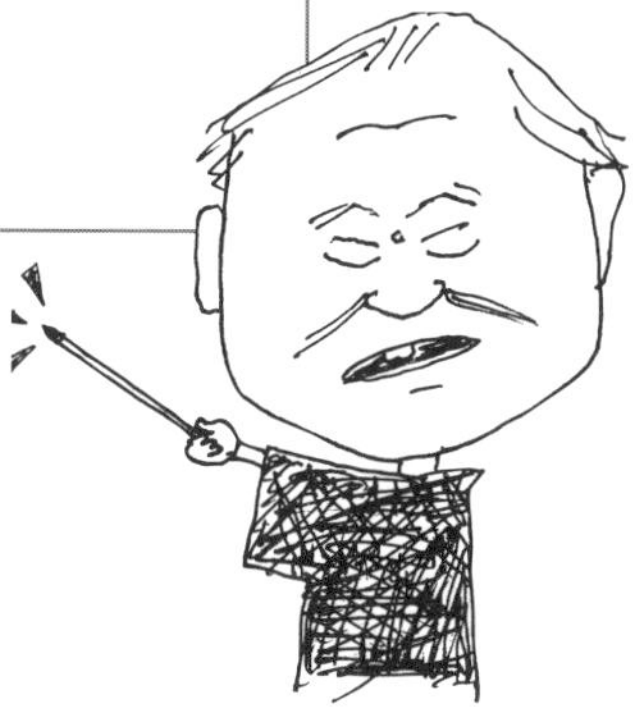

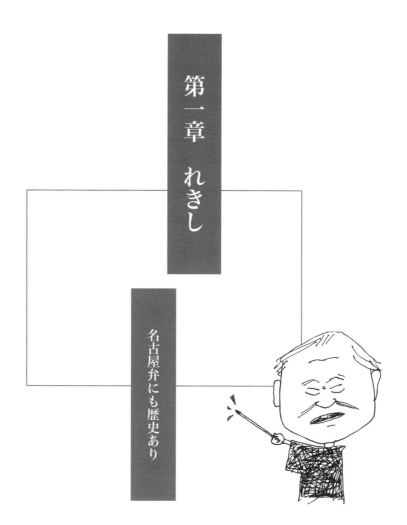

「よみゃーしたか《読まれましたか》。貸してゃーました《貸してあげました》『全国アホ・バカ分布考』」
「たーけらしい《バカらしい》本だと思っとった《思っていました》けど、読んでみたらどえりゃー《ものすごく》面白かったがね《ですよ》」
「ほんでもいかんわ《それでもだめですよ》。タャートル《タイトル》に『たわけ』がひゃーとれせんで《入っていませんので》」
●ここでも名古屋飛ばし？　名古屋は「たわけ」※の独立王国だ。

たわけ

俗説「田を分ける」は否定せよ

東京が「ばか」で大阪が「あほ」、名古屋はと言うと「たわけ」である。名古屋人は「たわけ」をよく口にする。人をののしるときに用いる言葉だが、案外軽い気持ちで使っている。

「そんなことやっとってかん《やっていてはいけません》、たーけ」

こう言われたとしても、そんなに腹を立てない。相手も心底、怒っているわけではない。これに「くそ」が付いて「くそだわけ」、さらになまって「くすたー」になると、これは本気で怒っているから要注意だ。

「たわけ」に「ど」を付けて「どたわけ」とも言う。これも怒ったりするときに出る言葉だ。この「ど」は「どぎつい」「ど素人」「ど頭」などのようにののしったりするための接頭語だが、怒っているだけに「どしろと」「どたま」とつづまることが多い。

【たわけ】
形容するには「ばかな」「あほな」と「な」を付けるが、「たわけ」は「な」ではなく「た」となり「たわけた」と言う。例「そんなたわけたことをやっとるな」

「たわけ」だからいいものの、これが「ばか」「あほ」となると腹が立つ。東京の人が「あほ」と言われたり、大阪の人が「ばか」と言われるのと同じようなもの。「たわけ」には親愛の情さえ感じられるのも、同じ「たわけ」文化圏にいるからこそ、である。

「あの人はわや言わっせるでかんわ《言われるからいけませんよ》。腹は立つかもしれんけど《しれませんけど》、そこはたわけになって黙って聞いとりゃーよ《聞いていなさいよ》」

「ありがと。分かっとる《分かっています》。私がたわけになっとりゃ《なっておれば》、すむことだで《ですから》」

こうしてときには自ら「たわけ」になったりする技も心得ている。先日も酒の席で話が加熱し出したら、居合わせた一人が「そんな堅いこと言うな。ここはたわけにならなかん《ならなくてはいけない》」と取りなしていた。こういうゲートーは本当の「たわけ」にはできない。

かわったところではゴムやバネが弾力性をなくしたときにも使われる。「まあ、これきけせんがや《利きませんよ》」「古いで《古いので》、たわけになったか」。ゴムやバネもときには「たわけ」になる。

子供のころ、大人や先輩などから「たわけ」の語源について、田んぼを細かく分ける愚から来ている、と教えられた。しかし、これは「田分け」の字を充てたことから来る俗説だ。『広辞苑』を引くと「たわけ」は「戯け」

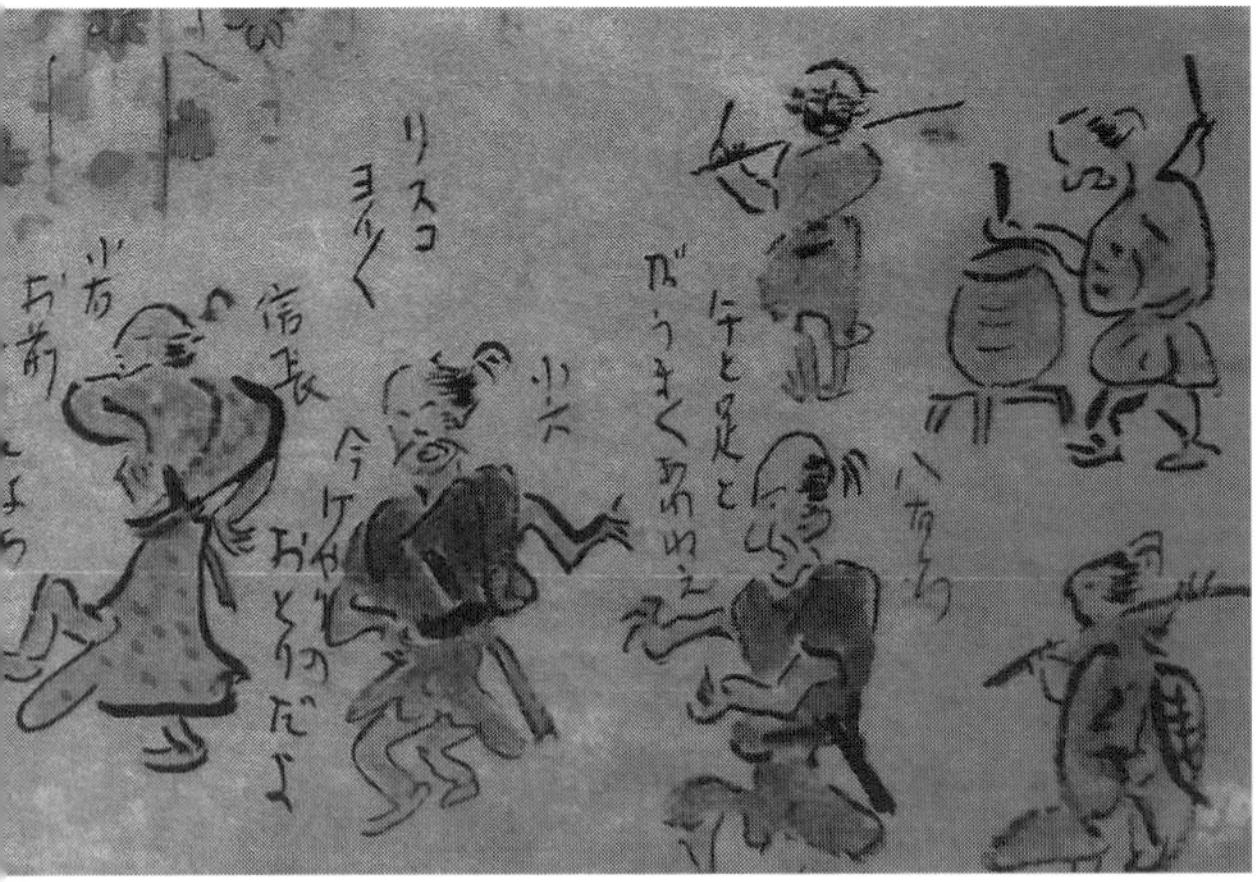

であるとし、「ふざけること。おどけ。たわむれ」とある。

名古屋ならではの言葉と思っていたが、案外広い範囲で使われている。『日本国語大辞典』によれば、名古屋や美濃・三河を中心に、茨城・群馬・神奈川・山梨・長野・新潟・福井・静岡などでも用いられているそうだ。広く使用されているということは、古い言葉であるケースが多い。

信長や利家は若いころ、奇抜な服装や行動で「戯《たわ》け者」「歌舞伎者」と見られていた。信長の事績を書いた本に太田牛一《ぎゅういち》の『信長公記《しんちょうこうき》』があるが、その首巻は京都に上る以前の尾張でのことが記されている。ここに「たわけ」や「うつけ」「ばか」がどう出てくるかについて調べてみた。

その結果、一番多かったのが「たわけ」で五回、次に「大うつけ」が二回、そして「大たわけ」と「馬鹿者」が各一回だった。「馬鹿者」は無様な死に方をした信長の弟秀孝に用いられていたが、あとはすべて信長本人を評してのものである。

これをさらに検討してみると、著者の牛一は「たわけ」と「うつけ」を使い分けていた。「たわけ」「大たわけ」は斉藤道三との会見のときに多く用いられ、いずれも道三側が信長に対して使っている。「大うつけ」は尾張の者が信長の奇妙な格好などを評するときに用いてい

生駒屋敷で開かれた「無礼講」踊り（文政 11 年『絵本武功夜話』より）

た。

「うつけ」も「ばか」「あほ」「たわけ」の類だが、それらよりもソフトで押さえた感じがする。著者の牛一は殿に遠慮して、意識的に使い分けていた。現在「うつけ」が使われなくなってしまったのも、「たわけ」の持つパワーにはかなわなかったからか。

「戯け者」「歌舞伎者」の信長はどんちゃん騒ぎが大好きだった。『信長公記』は「おどり御張行《ごちょうぎょう》」として堀田道空宅（津島市）で行ったときの模様を書き留めている。信長は天人に、家臣らは赤鬼・青鬼、弁慶、地蔵などに扮し、われを忘れるほどに踊りまくった。

戦国史料『武功夜話』によると、もっと大規模に行われたのが永禄三年（一五六〇）、生駒屋敷（江南市）の馬場での「無礼講」踊りだ。地侍や木曽川の船頭衆をはじめ、近郷近在の者たちにも参加を許し、売店まで出して夜遅くまで踊り明かした。若いころの信長は「あほ」くさい「たわけ」た「ばか」騒ぎをよくしている。

こんな型破りとも言える行動に、乱世を生き抜く力が秘められていたのか。父の信秀は死ぬ直前、織田家の棟梁として行儀のよい弟の信行ではなく、「大たわけ」「大うつけ」と評判の信長を指名した。その目が確かだったことは、その後の信長自身が証明している。

「名古屋は雪国でもないのに、ラッセルがよく出てきますね」

「らっせる、よーつかっとるよ《よく使っています》。おみゃーさん《お前》、どこからいりゃーたの《来られたのですか》」

「東京です。職場でも言っとらっせる《言っておられる》、やっとらっせる《やっておられる》とか言ってます」
●らっせるは敬語だ。「ござる」も敬うと、ござらっせる、ござらっせたなどとなる。

ござる

武士言葉が庶民にまで浸透

先ごろ『尾張の戦国時代』という本を出した。守護代織田氏が越前から入国し、信長に至るまでの歴史だ。そこでふと思ったのは、信長らの話していた尾張弁※についてである。信長は案外、無口だったたか。美濃の斎藤道三と聖徳寺（一宮市、のちに名古屋市に移転）で行った会見の模様を『信長公記』が書き留めているが、そこには「是ぞ山城守殿（注・道三）にて御座候と申すとき、であるか、と仰せられ候」とある。たったの一語だけで、ぺらぺらしゃべった様子はない。（もしかしていやな相手だったからしゃべらなかっただけ？）


その信長が戦国乱世を駆け抜け、京への一番乗りを果たした。最初に出された食事に怒り出したというのだ。場所は不明だが、御所あたりの施設だったたか。

「こんなもん《もの》、食えんがや《食べられないですよ》。作った者を呼びゃあ《呼んで下さい》。打ち首にしたるで《しますので》」

これには周りの人もびっくり仰天。陰で「おそぎゃあ《おそろしい》人がござった《来られた》」「わや言ってご《言ってお》

【尾張弁と名古屋弁】

一口に名古屋弁と言うが、本書では尾張弁も含めた名古屋地方の言葉を名古屋弁とする。両者にそれほど大きな違いはない。名古屋は新しくできた町で、名古屋弁の歴史も新しい。尾張の〝首都〟は国府のあった稲沢から中世の清須へ、そして近世の名古屋へ、と南へ南へと移ってきた。遠い将来には港区や南区の海辺が中心地になっている？

ざる《られる》」とひそひそ話。作った本人は額を畳にこすりつけ平身低頭、平謝りである。

「まー《もう》いっぺん《一度》だけ《だけ》、やらせてまえんきゃあ《もらえませんか》。お口に合うもん《もの》、作ってみるで《みますので》」

ここは美しい京言葉で言っていただろうが、名古屋弁に翻訳して書いとるでね《書いていますので》。

今度はひたすら辛くして差し出した。これには先ほどとうって変わり、ご満悦の様子だった。

「どえりゃーうみゃーがや《ものすごくうまいですよ》。さすがは名うての調理人。褒美をあやーます《あげます》わ」

危うく命拾いをしたが、陰で「ちぇ、田舎者めが」と言ったかどうか。都の人は「えりゃー《大変な》人がござったがね《来られたですよ》」と頭を抱えながらも、めざとい人は早くも取り入ろうとし出す。その一番手が食料や衣服・武器などを扱う、様々な分野の商人たちだ。

「あれ？　桔梗屋が出てござった《来られた》。饅頭売り込みに行ってござったきゃあなあ《こられたですかね》」

「これはこれは酒屋さん、ここにござったか《おいでしたか》。ぎょーさん《たくさん》買ってまえる《もらえる》ことになったがね《なったですよ》」

　商人の中にはわれ先にとこびへつらい、取り入ろうとする者が出てくる。何しろ、尾張軍団が常駐することになるのだから、巨大なマーケットが出来上がる。彼らの中には認められようと、尾張弁をマスターしようとする者も出てきた。

　江戸初期の俳人で歌人の松永貞徳は一説に松永弾正《だんじょう》（久秀）の孫とも言われている。彼はその著『徒然草慰草《つれづれぐさなぐさみ》』で「尾張より信長公の上洛後、高きも賤《いや》しきも都の物言い、皆かわりたること多し」と書いた。また、江戸中期の儒学者、新井白石も『東雅《とうが》』という本でこう書き留めている。

「わが年十二、三の時に貞徳のいいしことあるなり。その幼きころほいまでは、京の人の物言い、いまのごとくにあらず。いまの人のいうところは、多くに尾張の方言相雑《まざ》れるなり。これは信長、秀吉の二代うち続きて、天下の事しりたまいしによれるなり」

　尾張勢の進出で京都の人の言葉が尾張風に変わってしまったというのだ。名古屋幕府ができていたら、尾張弁が日本の共通語になっていたのに、三人の英雄を出しながらもみな郷土愛に欠けていた。秀吉は大阪へ行ってしまったし、家康は江戸へ出て行ってしまったのでござる《あります》。

　ところで、その新井白石は六代将軍家宣《いえのぶ》の政治顧問を務めた。五代綱吉は紀州びいきだったが、家宣は逆に尾張びいきだった。死期を悟った家宣は子供がまだ幼く、将軍職を尾張藩主の吉通《よしみち》に譲りたいと伝えたが、白石が偉そうにいらん《必要のない》ことを言ったもんでいかんわ《のでいけませんよ》。

「いくらお小さくても、血はつながなかん《繋がなくてはならない》。ここはちゃんと筋を通すべきでござりまする」

家宣が心配した通り、就任後、すぐに亡くなった。その跡を継いだのが八代将軍吉宗である。尾張は将軍を出す絶好のチャンスに恵まれたが、御三家筆頭の座にありながら、江戸時代全期を通じて、ついに一人も出すことができなかったのでござる《あります》。

「ござる」は敬語の「御座在る」が縮まったもので、本来、公家や武家など高貴な人のよく使う言葉だ。それが尾張では庶民にも広く使われ、「先生がござった《来られた》」「あの人が言ってござった《おられた》」「酒を飲んでござる《おられる》」などと盛んに用いられている。これは漁民とても例外ではなかった。

知多郡美浜町出身の音吉※らは漂流中に助けられ、マカオで聖書を日本語に訳すことになった。これが和訳聖書の先駆けであり、当然、ばりばりの尾張弁訳となる。その書き出し「始めに言あり。言は神とともにありき」はこうなった。

「ハジマリニカシコキモノゴザル。コノカシコキモノ、ゴクラクトモニゴザル」

【音吉】 知多郡小野浦（現、美浜町）の船乗り。天保三年（一八三二）、宝順丸が遠州灘で暴風に遭い十四カ月にわたって漂流、十四人の乗組員のうち音吉・岩吉・久吉の三人だけが助かった。同町に「三吉」の記念碑がある。

小野浦にある音吉像

「公園はつるまだし、ＪＲの駅はつるまいになっとる《なっている》。どっちが正しいの？」
「地下鉄の駅名をつけるとき、市役所の人が地元の古老に聞いたと」
「ええっ、両方違っとる《違っている》って？『わしらー《私たち》はつるみゃーと言っとりますわなも《言っていますよ》』と」
●ウソ「まるけ」だった原発安全神話。しかし、この話はホント。

まるけ

「つるっと滑る」にも意味がある

年は取りたくないねえ……。

雨の日に歩いていて、見事に転んでしまった。家へ帰ると「なにぃ《なんですか》、泥まるけで」と女房。そのときとっさに、次のケンキューは「まるけ」にしよ《しょう》、と思った。

「まるけ」を名古屋弁と思っていない人もかなりいるのではないか。「部屋をゴミまるけにしとってかん《していてはいけません》」「ベッドの下はほこりまるけだがね《ですね》」などと言い、新型コロナウイルスのせいで収入がなく「借金まるけ」の人もいるかもしれない。案外気軽に使っているが、「まるけ」は尾張や美濃ならではの方言と言える。

尾張と美濃は何事においてもよく似ている。しかし、同じ愛知県であっても、三河は静岡県の遠州地方と縁が深い。尾張と三河を分ける境川は小さな川だが、実際以上に両者の交流や意識・文化をへだてる境界となってきた。

【朝鮮との交流】

わが国は朝鮮半島とは地続きのようなもので、古くは縄文時代から交流があった。逆に東北・北海道は遠い国だった。外国との合戦を「役《えき》」と言い、東北を攻めた戦いは「前九年の役」「後三年の役」と呼ばれた。外国とみるのが差別的だとしていまの教科書では「前九年合戦」などと言い、さらには「小田原征伐」や「長州征伐」の「征伐」も不適切だとして「攻め」とか「討伐」に改められている。

廃藩置県で薩長は異なる尾張と三河を一つの県にした。仲のよい者同士を組み合わせると、またもや信長や秀吉・家康のような者が出てくると恐れたからだ。この組み合わせには薩長の陰謀説が見え隠れする。

薩摩は宝暦治水でひどい目に遭っており、長州は元尾張藩主を大将にして第一次長州討伐を受けている。異質の二つをいっしょにすることにより、おたがいに足の引っ張り合いをねらったと思えなくもない。言葉も尾張と美濃はよく似ているのに、尾張と三河とはかなりの違いが見られる。

尾張は「まるけ」だが、三河は「だらけ」が多い。「おみゃーさん《あなた》の話は名古屋弁まるけだがね《ですね》」と言うのに対し、三河なら「三河弁だらけじゃん」とでもなるか。三河弁は遠州・駿河から東へどんどんと伝わっていく。

尾張は大和朝廷の支配権が及ぶ「終わり」の地だった。三河は東西の緩衝地帯として微妙な位置にあり、遠州から東は完全に東国に入っていた。古代、北九州防衛のために狩り出された防人《さきもり》はそうした東国の人たち「まるけ」「だらけ」で、西国の人には課せられていなかった（西国は朝鮮半島との交流が深く、警戒されたからだとの説※もある）。

「まるけ」の共通語はいま出た「だらけ」だ。フーテンの寅さんは口上で「結構毛だらけ猫灰だらけ、お尻のまわりはクソだらけ」と「だらけ」を連発する。江戸っ子だから「だらけ」だ。

新型コロナで観光地も大打撃を受けた。多くのテーマパークも休園を余儀なくされたが、伊勢のスペイン村もその一つ。あそこはスペイン「まるけ」に造られたテーマパークで、マルケ・エスパーニャと言う。

　ええっ、パルケだって？　なるほど、調べてみると「公園」を意味するスペイン語の「パルケ」で、「まるけ」とはまったく関係がなかった。フェークニュースはいけないが、スペイン「まるけ」ではある。

「まるけ」の語源は「まるける《丸くする》」から来たと思われる。「紙をまるける」「雪をまるける」などと言うが、ぎゅーと「まるける」と紙ばかり、雪ばかりになる。この「まるけ」を名詞の後に付けると、接尾語としてそれがやたらに多い状態を意味してくる。

　例えば、こんな調子だ。「古本屋をやっとるもんで《やっているので》、そこらじゅう本まるけだわ《ですよ》」「この本、シミまるけで、売り物にならん《なりません》」。これが泥なら「泥まるけ」だ。強調したいときに「まるけ」は便利な言葉と言える。

　滑って転んだついでに、話を飛躍させることに。名古屋の「鶴舞」地名は滑ることに由来する。鶴がよく舞っていたと解説されたりもするが、単なる語呂合わせで鶴とはまったく関係がない。

「つる」は古語の「つる（水流）」で、水の流れる低地を指す。この「つる」に場所を示す接尾語「ば（場）」が付いて、古くは「つるば」と言われていたところなのだろう。その「ば」がなまって「ま」になり「つるま」地名が生まれた。

　明治四十二年、低地だった田園地帯は埋め立てられ、鶴舞公園が造られた。そのときに

持ってこられた土の多くは精進川（現在の新堀川）の開削で出たものだった。鶴舞と書いているが、こちらは「つるま公園」と言うのが正しい。

「つるま」か「つるまい」かとよく議論される。しかし、「つるま」が古く、「つるまい」は後からできたものだ。「鶴舞」は「つるま」に好字を充てたにすぎない。

古語の「つる」は形を変えていまにも生き残っている。滑りやすい状態や場所を「つるつる」と言い、滑ったときの表現に「つるっと」を使っている。ここは「つるつる」で「つるっと」滑りやすく、転べば泥「まるけ」になりがちだった。そういうよくないところだったからこそ、余計に「鶴舞」の縁起のよい字が持ってこられたのだろう。

「えりゃーこっちゃ《大変なことです》。トイレの水が流れてけせん《流れていきません》」
「おとーさん、また詰まるほどでゃーた《出した》んじゃないの」
「そんなバカな。おみゃー《お前》が変なもん《もの》、なぎゃーた《流した》んじゃにゃーのか《ないですか》」
●便器の中が「うかうか」ではさあ大変。うかうかしてはおられない。

うかうか

ゲリラ豪雨で低地は水浸し

先に「鶴舞」地名に触れた。そこは「鶴」とはまったく関係なく、「つるつる」で「つるっと」滑りやすいところだった。この「鶴」は古語の「つる（水流）」から来ており、これに場所を示す接尾語の「ば（場）」が付いて「つるば」と言われるようになり、やがて「ば」がなまって「ま」になった。

このあたり一帯は水の流れる低地で、大雨のときには浸水しやすかった。地名は特徴的な地形から来ていることが多い。鶴が特別多く集まるところなら話は別だが、単に一羽や二羽が舞っていたくらいでは地名になりにくい。

瑞穂区に「牛巻」町がある。江戸後期に作られた『尾張名所図会』に、大蛇が牛に巻き付く迫力ある絵が掲載されている。しかし、ヤマタノオロチ伝説はあっても、そんな大蛇が日本に生息していたとは思えない。

「牛巻淵故事」『尾張名所図会』より

「牛巻」の「牛」は「失う」の「失」で、「なくなる」とか「見えなくなる」の意。ここも周りより低く、大雨で水没しやすかった。ここを流れていたかつての精進川には深淵があったと伝えられている。

　そんな失われやすい場所であり、これも「うしば」と言われていた「ば」が「ま」になまった。「失」に「牛」を当て、「き」を加えて「牛巻」の地名ができ、さらには伝説まで生まれた。守山区にある「牛牧」も『尾張志』という本は「古代に牛の牧場があった」としているが、ここも同じように低地で冠水しやすいところだった。

　もう一つ挙げておこう。中川区のナゴヤ球場の北側一帯は「露橋」と言われている。露橋小学校の『五十周年記念誌』は「橋のたもとに一輪のツユクサが咲いていたことに起因」としているが、どこにでも見られる草があったくらいでは地名にまでならない。

「露橋」の「露」は古語の「つぶれる」「なくなる」意の「潰ゆ」と見るべきだ。この「つゆ」に場所を示す「ば（場）」が付いて「つゆば」と言われるようになり、それに「し」を付けて「露橋」の字を充てた。ここは笈瀬川《おいせがわ》（後の中川運河）と江川・堀川とに挟まれる低地だった。

　鶴舞も牛巻、露橋も水没しがちな場所に由来する。鶴が舞っていたり雑草が生えていたくらいでは地名になりにくい。当初言われていた呼び名にもっともらしい漢字があてら

【うかうか】

気がゆるんで落ち着かないでいる様子を名古屋弁で「浮いたかひょうたん」とも言う。「ひょうたん」は「ひょこたん」と言う人もある。共通語の「ひょうたんの川流れ」に近い。例「まあ、ぶらぶらしてばっかで。いつまでも浮いたかひょこたんでおってはいかん」

れ、本来の意味が分からなくなってしまった。

こうした地名のところではちょっとした雨でも水浸しになりやすい。そこに住む人たちはそのたびごとに嘆いていたことだろう。せっかく手塩にかけた田畑も水をかぶり、農作物に大きな被害をもたらした。

「きんのう《昨日》はよー《よく》降ったなあ。道まで※うかうかになっとるがや《なっていますよ》」

水をかぶった状態を「うかうか」という言葉で表現する。これも立派な名古屋弁だ。低地では水浸しになるたびごとに「うかうか」が飛び交っていたことだろう。

「大雨でどぶまでうかうかになっとる《なっている》。まるで川みてゃーだにゃーか《みたいではないですか》」

「金坊、あそこに近寄るとあぶにゃーぞ。いまはうかうかだで《ですから》」

大水になると川や田んぼが気になる。テレビやラジオが「危険ですから絶対に近づかないで下さい」と言うと、かえってどんな状況になっているのかと見に行きたくなる。そして滑って転んで流されて、それがまたニュースになったりもする。

「うかうか」のときは本当に危ない。これは名古屋弁だが、共通語にも「うかうか」があ

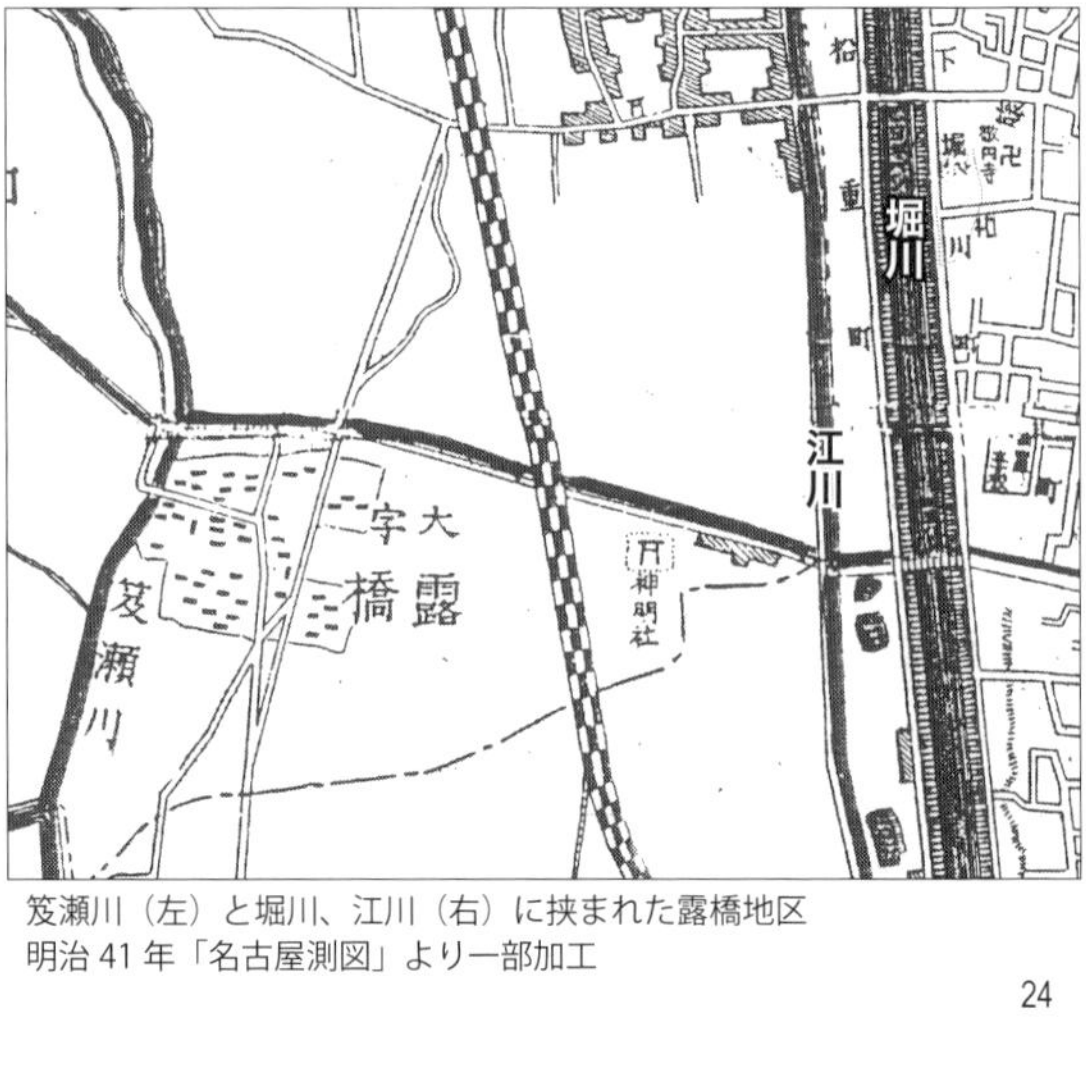

笈瀬川（左）と堀川、江川（右）に挟まれた露橋地区
明治 41 年「名古屋測図」より一部加工

うかうか
しとったで、
うかうかに
なってまっ
たがや!!

る。しかし、こちらに満水、水浸しの意味はない。

「うかうかしとると《していると》、事故に遭ってまう《しまう》ぞ」

「このごろは詐欺がおえーで《多いので》、うかうかしとれん《しておれない》」

共通語の「うかうか」はこんなふうにして使う。『広辞苑』には「①心が落ちつかないさま。不安なさま」「②不注意で気づかないさま。うっかり」とある。当然のことながら、同書に名古屋弁の「うかうか」は載っていない。

「月末がちかづいーて《近づいて》きた。こりゃ《これは》うかうかしとれん《してはおれません》」

「うかうか」を使って人を諌めるだけではなく、こうして自分を奮い立たせたりもする。もうパチンコなどをしているときではない。今月は支払いも多く、真面目に働かなくてはいけない。

文字で書けば「うかうか」で同じだが、会話になるとその違いは明らか。共通語の「うかうか」は「か」にアクセントがあるのに対し、名古屋弁のそれは平板である。意味も違うし、似ても似つかない。

「大雨で道路もうかうかだで、会社休んだろかしゃん《でやろうかしら》」

「いかん《だめです》、そんなことでは。うかうかしとる《している》と、クビになってまうで《しまうので》」

「昔はよその家へ行くとき『ごめやーす※』と言ってはやーてった《入っていった》もんだわなあ」

「ほーすとさやー《そう致しますと》が『おいりゃーす』と言って出てごさった《こられた》」

「いまはピンポーンだで《だから》、こんなことを言う人はおれせん」
●関西のごめんやす、おいでやすが変化。よかった、家に「いりゃー」たか。こっちへ「いりゃー」。

いりゃー

「いる」は東日本、「おる」は西日本で

「お母さん、いまうちにいりゃーすきゃあ《おられますか》」

「こっちへいりゃー《来なさい》。えーもんあーますで《よいものをあげますので》」

日常生活で「いりゃー」はよく使われている。「居る」とか「来る」とかの意味の敬語だ。ダイレクトに「お母さん、いる」「こっちへ来い」と言ったのではきつすぎるが、この「いりゃー」を使うと丁寧でぬくもりまでが感じられてくる。


この「居《い》る」は「居《お》る」にもなる。「お母さん、いりゃーすきゃあ《おいでですか》」は「お母さん、おりゃーすきゃあ《おいでですか》」でもいい。かつては「いる」と「おる」はめずらしく東西に分かれていた。

大阪を中心とした西日本は「おる」で、東京を中心とした東日本は「いる」。ここ名古屋はいうと大阪系の「おる」が主流だが、東西の中間にあって東京系の「いる」も結構あ

【ごめやーす】

関西の「ごめんやす」がなまって名古屋では「ごめやーす」に。これに対する「おいりゃーす」は向こうでは「おいでやす」だ。名古屋弁の多くは関西から来ている。

る。ここで取り上げる「いりゃー」はそれから来ている。

名古屋には東の言葉も、西の言葉もある。ここはごちゃごちゃで、方言のルツボと言える。ただでさえそうした微妙な位置にあるが、これに加えて、いまは学校教育や標準語の普及などで、いよいよあいまいになりつつある。

「いる」＋「りゃー」で「いりゃー」。この「いりゃー」は「いりゃーす《おられる》」「いりゃーた《来られた。いられた》」「いりゃーすか《おられますか》」「いりゃーせん《おられません》」などと多様な形で用いられる。道理で日々の暮らしの中で、頻発してくるはずである。

名古屋の人はこの「りゃーす」や冒頭に出した「きゃあ※」もよく使う。「りゃーす」は「やっとりゃーす《やっておられる》」とか「怒っとりゃーす《起こっておられる》」などと言い、「きゃあ」は「まーええきゃあ《もういいですか》」「そろそろいこきゃあ《行きましょう》」などと言う。これが出ると急に名古屋弁らしくなってくる。

「いりゃー」には「せ」を付けて「いりゃーせ」という使い方もある。「いりゃー」ではまだ命令調で強すぎるからか、これに「せ」を付けると一層柔らかな感じになってくる。

そう言えば、かつて名古屋にこれを屋号にした居酒屋があった。

しゃぶしゃぶの木曽路がやっていて、「居来瀬」の漢字が充てられていた。「来てちょー」の屋号につられ、若いころ、民芸調のあの店へよく行ったものだ。同社が岐路（?）に立たされたのは東京に進出するときで、社内ではこんな会話が交わされていたのかもしれない。

「東京でいりゃーせ《来てください》と言っても、分かってまえんかもしれん《もらえないかもしれない》」

【～きゃあ】

「きゃあ」にするか「きゃー」と書くか、名古屋弁を文字にするのは難しい。しかし「あ」と「ー」を区別したく思えるときもある。よく出る「きゃあ」「りゃあ」「みゃあ」「わゃあ」は名古屋弁の四宝、四つの宝物とも言える。まだ触れていない「わゃあ」の例としては「こりゃええわゃあ」「どうもうまくいかんわゃあ」などが挙げられる。

「聞かれていちいち説明しとる《している》のはかなわんで《かなわないので》、別のなみゃーにしよか《名前にしましょうか》」
「なぎゃー《長い》こと使ってきたに《のに》、のーなる《※なくなる》のはさびしいこっちゃ《ことです》……」
論議のすえ、考え出されたのが素材屋だった。全国展開するにつれて素材屋が幅を利かせ、ついには名古屋からも居来瀬の名は消えてしまった。それまでは親しみを持っていたが、店名が代わってから妙によそよそしく感じられたのは、店の造りが替わっただけではなかったようだ。

この「いりゃー」と同じ意味で「こやー」とも言っている。あなたは「こやー」派、それとも「いりゃー」派？これは名古屋人度を測るリトマス試験紙のようなものでもある。

「こやー」と答えた方、あなたはお若いですよ。名古屋弁をあまり快く思っていないの

【のーなる】

名古屋では「無くなる」から「亡くなる」の意味で用いられている。お金がなくなっても「のうなる」、人が死んでも「のうなる」だ。名古屋人は死者を「のうなる」の言葉でやさしくいたわる。

では。「いりゃー」と答えた方、ちょっとお年を召しておられますね。

若い人の中には方言を使いたくないという人も多く、この「いりゃー」もヤリ玉に挙げられた。かといって「来い」では命令調できつい。いつしかこれに「やー」を付けるようになり、「こやー」という新しい方言を生み出すことになった。

名古屋弁には「ゆっくり食べやー《食べなさい》」とか「はよ寝やー《早く寝なさい》」「まー起きやー《もう起きなさい》」などと催促をする「やー」がある。「来い」と「やー」が結び付くのに、それほど時間はかからなかった。だから「こやー」と言う人は若い人で、「いりゃー」は年配者という図式になる。

しかし、このごろは後者でも「こやー」が増え、ここでもあいまいになってきている。六、七十の人の口から「こやー」が出たとき、ええっ、そのお年で？　と驚いたものだ。しかし、聞いてみると理由が分かった。

若いお父さんやお母さんは「こやー」と言っている。「いりゃー」と言っても、孫が寄ってきてくれない。孫かわいさのあまりに使い慣れた「いりゃー」を捨て、「こっちへこやー《こっちへ来なさい》」などと「こやー」を使うようになってきていたのだ。

その意味で「いりゃー」は絶滅危惧種とも言える。お年寄りは元気であっても「いりゃー」を見捨ててしまう。それでは「いりゃー」がかわいそうなので、こちらは頑固に「いりゃー」にこだわり続けることにしている。

「鉛筆、こーも《こんなに》とっきんとっきんにしてまって《しまって》。もってゃーにゃーがね《もったいないですよ》」

「いま、なに言ったの？　とっきん、どっきん？」

「あれっ、知らんの。つくつくにするのが※とっきんとっきんだがね《ですよ》」

●熱い状態を言うには「ちんちこちん」がある。これも面白い名古屋弁だ。

ちんちこちん

同意語の「ちんちん」使用にはご注意を

「やかんがちんちこちんになっとる《なっていますよ》がね、ちゃっとはよ《早く》ガス止めな《止めなくては》」

このように熱くなっている状態のことを名古屋弁で「ちんちこちん」と言う。よその人にはこの表現が面白いらしい。以前、こんな手紙をいただいたことがある。

「ラーメン屋さんでバイトしていたとき、名古屋出身のバイト仲間が『わっ、ちんちんこちんだ』と言いました。これが職場でバカウケし、『ちんちこちん』がはやりました。私は名古屋弁がぽろっと出たりするそんな彼がとても好きになりました」

名古屋弁が取り持った、なかなかいい話ではないか。東京へ出て名古屋弁を使わないように心掛けている人でも、急なときとか怒ったときなどにはお国言葉が出てしまう。「ちんちこちん」の取り持つ縁で、二人の仲は煮えたぎったか。

「こんなちんちこちんにしてまって《してしまって》、入れんがや《入れないですよ》」

【とっきんとっきん】

鉛筆や針・釘などの先端部分が鋭く尖った状態を言う。「っ」を入れず「ときんときん」とも。例「(鉛筆を)とっきんとっきんにし過ぎだわ。もってゃーにゃーに」「(針先に)気を付けやーよ。ときんときんだで」。

「ちんちこちんになるまではやってかん《やってはいけません》」

風呂に入ろうとしたら、熱すぎて入れない。熱燗にしてくれるのはありがたいが、あまり熱くてはせっかくの酒も台なしである。そんなときには「ちんちこちん」で注意したり、お願いしたりもする。

「ちんちこちん」も一種のオノマトペ（擬声語・擬態語）と言える。「小川の水はさらさら流れ、風はそよそよ吹いていた」と言ったりするが、この「さらさら」「そよそよ」の表現と同じようなもの。「ちんちこち

舟橋武志の読書日記

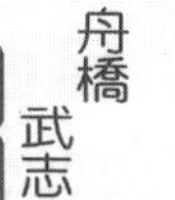

「方言論」奇想の立証

民俗学者の柳田國男は全国でのカタツムリの呼び名を調べ、その著『蝸牛考《かぎゅう》』で「方言周圏論」を発表した。それによると、京都を中心にデンデンムシ→マイマイ→カタツムリ→ツブリ→ミナなどと同心円状に広がっていた。このことから遠くにあるものほど、都で使われていた古い言葉だとみた。

これは一見ばらばらに考えられてきた方言に、一定の法則性・規則性を見いだすものとなった。柳田は方言学者としても注目されたが、逆に反響が大きかっただけに「新語は都からしか生まれないのか」「蝸牛一語で全てを語れるのか」などと反論も続出した。最後は柳田自身が自説を引っ込めている。

松本修・著『全国アホ・バカ分布考』（太田出版＝写真左、新潮文庫版あり）は、「アホ・バカ」の方言で柳田の学説を証明したものだ。著者は「探偵！ナイトスクープ」（朝日放送）を担当し、テレビを使っての大掛かりな方言調査となった。

これが〝バカ受け〟して、何度も取り上げられた。本はその過程を描きながら、柳田説の正しさを立証してゆく。その成果は学界からも評価され、著者は大学の教壇に立つまでになった。

松本氏の近著が『全国マン・チン分布考』（インターナショナル新書＝集英社インターナショナル、写真右）だ。男女の陰部の呼称だけに放送には適さず、著者の孤独で愉快な研究が執念深く進められてゆく。

どのページにも「マン○」「チン○」類が氾濫しており、にやにやしながら読むことになった。ここでも同心円状の広がりが証明される。これを読んで以来、ヤクルト球団の応援歌でもある「東京音頭」が流れてくると、チン○マン○、チン○マン○とはやし立てているように聞こえてならない。

松本氏の労作を喜んでいるのは、草葉の陰の柳田ではあるまいか。

（ブックショップマイタウン店主）

日本農業新聞

ん」は単に「ちんちん」と言うこともある。

先ほどの例で言えば「こんなちんちんにしてまって《してしまって》」「ちんちんになるまではやってかん《やってはいけません》」と置き換えてもいい。しかし、「ちんちん」は共通語で辞書にも載っている。やはり「ちんちこちん」でないと名古屋弁らしくなく、「ちんちん」では彼女の愛を引き付けられなかったかもしれない。

それに「ちんちん」は男性の性器を連想させる。だから、煮えたぎった状態でも「ちんちん」は使わず、「ちんちこちん」にするという人もいた。名古屋人はこの二つを微妙なアクセントで使い分けられるが、よその人が面白半分に「ちんちん」を真似したりすると、とんでもないことになったりするのでご用心。

「ちんちん」からちょっと脇道にそれるが、尾張の四代藩主徳川吉通《よしみち》の生母に、お福の方という人がいた。この人、三十五歳のときに夫である三代藩主綱誠《つななり》に先立たれ、爛熟した体は「ちんちこちん」になって男なしではいられない。御畳奉行《おたたみぶぎょう》朝日文左衛門は日記『鸚《おう》鵡籠中記《むろうちゅうき》』の中で次のように書いている。

「本寿院様、貪淫《どんいん》絶倫也。或は寺へ行きて御宿し、又は昼夜あやつり、狂言にて諸町人、役者等入込み、其の内、御気に入れば誰によらず召して淫戯《いんぎ》す」

本寿院は夫を亡くした後の彼女の院号。本能のままに生きるめでたい人とは、その人柄をよく表している。彼女の場合に限らず、院号とか法名にはなかなか意味深いものがある。

文左衛門はこの人によほど興味があったとみえ、日記にその様子がしばしば登場してくる。藩主吉通もわが母とはいえ頭の中は恥ずかしさと怒りで「ちんちこちん」になり、ついには江戸の新屋敷へ閉じ込めてしまう。お福の方は男を断たれてノイローゼにでもなったのか、同書には「御乱髪なんど《など》にて御屋敷の大もみの木なんどへのぼり玉ふ事有」などともある。

※『趨庭雑話《すうていざつわ》』という別の本はもっと露骨なことを書いている。「ちんちん」はやはり大きい方がよかったらしい。江戸屋敷に勤務となった尾張藩士は風呂場で素っ裸にされ、いちいち身体検査をされていたというのである。

【『趨庭雑話』】
名古屋の出来事などを書いた細野要斎の代表作の一つ。要斎は尾張の藩校「明倫堂」最後の学督（学長）。儒学者で多方面にわたって造詣が深く、多くの著作物を残した。明治十一年十二月三日没、享年六十八。

《知っとく、納得》

何人ご存じ？ 尾張藩主の名前

郷土の生んだ英雄、織田信長・豊臣秀吉・徳川家康はだれもが知っている。では、尾張藩の殿様の名前となるとどうか。江戸時代全期を通じて十六人いたことになる。尾張名古屋の基礎は江戸時代に築かれたと言ってもよい。信長・秀吉は天下に躍り出ながら地元のために、それらしいことはしてくれなかった。名古屋を造ったのは三河出身の家康であり、その子孫の名前と主な業績くらいは覚えておきたいものである。もちろん彼らも武士ならではの名古屋弁で話していた。

義直《よしなお》—光友《みつとも》—綱誠《つななり》—吉通《よしみち》—五郎太《ごろうた》……

……継友《つぐとも》……宗春《むねはる》……宗勝《むねかつ》—宗睦《むねちか》……斎朝《なりとも》……

……斎温《なりはる》……斎荘《なりたか》……慶臧《よしつぐ》……慶勝《よしかつ》……茂栄《もちはる》……

……義宜《よしのり》

—— 実子　…… 養子

「始めて江戸に下りし者は時にふれ御湯殿へ召され、女中に命じて裸になし、陰茎の大小を知り給ひ、大なれよろこばせ給ひ、よりより交接し給ふ」

何かの都合で一度に大勢がやってくると、いちいち確かめていたのでは面倒だったりして。みんなに座らせ体を洗わせておいたところへ、いきなり「ちんちこちん」の湯をばさっと流せばすぐに分かる。「あっちっち」と悲鳴を上げた者がお眼鏡にかなうのではないか。いや、そうとも言えないか。「恐れながら拙者は元気もりもりで、屹立しておったでござる」と申し出る者がいるかもしれない。これは筆者の勝手な妄想だけど、それにしても大変《えら》い奥方がいたものである。

こんなことが幕府に知られたら、お咎めを受けかねない。藩は密かに国元に送り、御下《おした》屋敷《やしき》（東区）に閉じ込めた。本能のままに生きた本寿院ではあったが、これまた型破りの七代藩主徳川宗春とは馬が合い、宗春はしばしば訪ねて彼女を慰問している。

宗春は吉通と腹違いの兄弟で、綱誠の二十男になる。元禄・享保の江戸中期だというのに、宗春から見れば初代義直は曽祖父、二代光友は祖父、三代綱誠は父という関係になる。時代が流れていながら、親子関係で見ると身近なものでしかない。

「ちんちこちん」から「ちんちん」が出て、とんでもない話になってしまった。こんなことになるから「ちんちん」は使わないという人も出てくるわけか。熱さを表現するには「ちんちん」よりも、やはり「ちんちこちん」の方が面白くてよかったりして。

「『ご』と『さま』の付く名古屋弁、知っとる《知っている》かって？　ごっさま《※奥様》！」
「ごっさまは思ってもおらなんだ《いなかった》なあ。まー《もう》ちょっと重々しいものはにゃあ《ないですか》？」
「……考えても出てこん。だちゃかん《だめです》。ギブギブ」
●期待したのは「ごたいげさま」。発音するなら、ごてゃーげさま、だ。

ごたいげさま

特別の日や事にしか出ない名古屋弁

この言葉はあまり聞かないし、使われないか。お礼や感謝を表す「ご苦労様」「ご奇特なことで」あるいは「ありがたい」等の意味。方言には日常生活で頻繁に使われなくても、冠婚葬祭など特別の時や場所で用いられる言葉もある。

「そー《そう》言われてみりゃ《みれば》、ごてゃーげさま《ごたいげさま》もあったなあ。としより《年寄り》は知っとっても《知っていても》、いまのわきゃー《若い》人には分からかもしれんぜーも《しれませんですよ》」

おじいさんやおばあさんならご存じか。法事があった、お祭りがあった。そんなときに寄進などをすると使われたが、これを聞きたかったら一度ドカーンと奮発してみるといい。

この言葉はお寺や神社関係ではいまもよく使われている。お布施を出せば坊さんから「これはこれはごてゃーげさま《ごたいげさま》でございます」と言われ、集金に来た氏子総代さんからは

【ごっさま】
名古屋弁で「奥様」「おかみさん」のこと。「ごっさん」とも言う。美濃忠の和菓子「ごっさま」は銘菓として地元では広く親しまれている。例「あそこのごっさまは若いのにおしとやしかだねえ」。

「まことにごてゃーげさまなこって《ことで》」との言葉が返ってくる。感謝を表すこんな場面ではなくてはならない大切な言葉なのだ。

　同じ住職でも「ごえんさま」「ごえんじゅさま」と言ったり、「おっさま」と言ったりもする。「ごえんさま」「ごえんじゅさま」は浄土真宗の、「おっさま」は禅宗の僧侶に対して使っている。漢字で書けば前者は「御縁様」「御院主様」、後者は「和尚様」がなまったものだ。

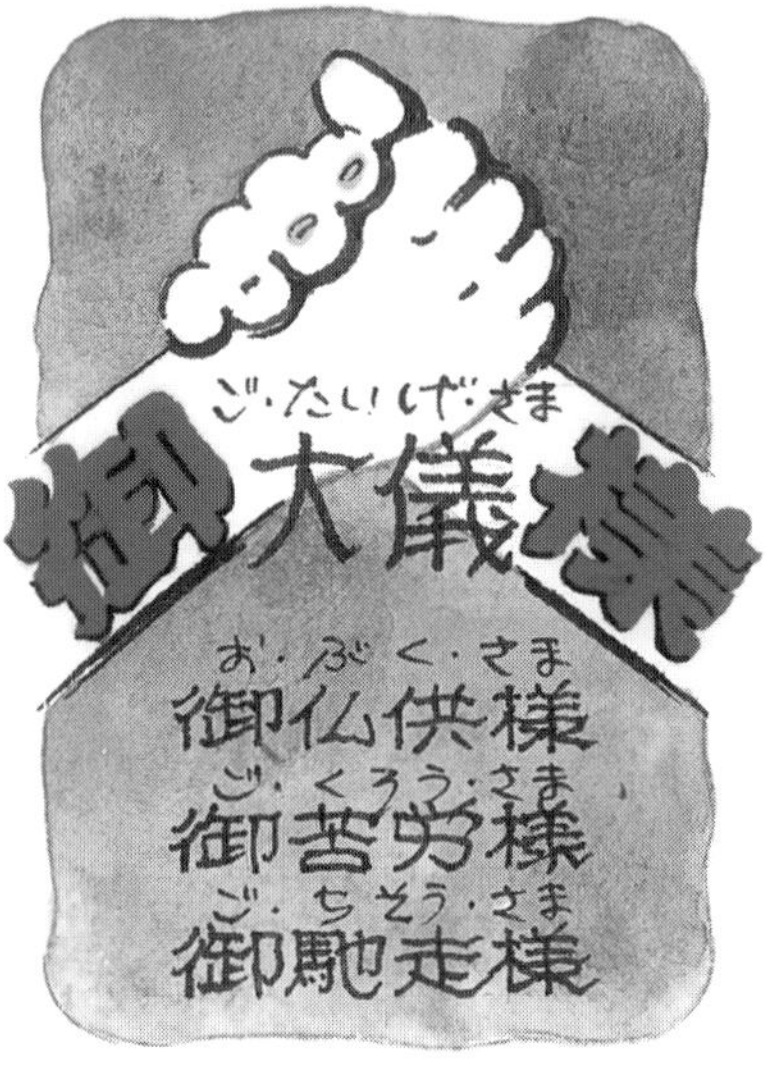
ご・たい・げ・さま
御大儀様
お・ぶく・さま
御仏供様
ご・くろう・さま
御苦労様
ご・ちそう・さま
御馳走様

　亡くなった人の月命日には「ごえんさま」を呼び、仏前でお経をあげてもらう。これを「じょうはん」とか「お」を付けて「おじょうはん」と言い、漢字で書く「常飯」から来ている。昔は読経してもらった後、簡単な食事で「ごえんさま」をもてなす風習があったからだ。

　終われば「月経」と書いたお布施を渡した。この言葉を初めて知ったのは中学へ入ってからあった保健体育の時間だった。それほど純真無垢な少年だった。

　その日はめずらしく教室での授業となり、先生は開口一番「女子は外で遊んできなさい」と言われた。それから始まったのが性に関する授業で、このとき初めて女性には「月経」

があることを知った。これが刺激となって女性に関心を持つようになったことを思うと、あの授業はよかったのか悪かったのか。

これは後で知ったことだが「つきぎょう」と読むのだった。真面目な顔で「月経」と書いたお布施を渡すと、「ごてゃーげさま」の言葉を添えてごく普通に受け取られていた。知れば不思議でも、何でもなかった。

この「月経」も地域によって異なってくる。伊藤義文著『ザ・尾張弁』によると「月経」と言っているのは名古屋地方と飛騨、三河は「常斎《じょうとき》」、浜松では「立《た》ち日《び》」、四日市では「月並《つきなみ》」、長野県・富山県・福井県では「月参《つきまい》り」、滋賀県の彦根では「逮夜《たいや》参り」と言っているそうだ。所変われば、その呼び名も変わるようである。

「ごたいげさま」は漢字で書くと「御大儀様」。「大儀であった」と言うように、この「大儀」は上から目線で武士の間でよく用いられた言葉。これに尊敬・丁寧な気持ちを表す「御」と「様」が付けられてできた。先に紹介した「ござる」ももともとは武士言葉だったが、この「大儀」も武士言葉が変形して庶民の間で使われるようになった。

「御大儀様」のように頭と尻に「御」と「様」を付けた言葉として、仏前に供える「御仏供様」がある。本来は単なる「仏供」だったはず。それでは呼び捨てで申し訳なく「御」を付けて「御仏供」となり、さらにはこれに「様」も付いて出来上がった言葉である。

「御」と「様」は案外仲がよい。前出の「御縁様」などのほか、寺の奥様を「おくりさま」と言うのも、いつもいる「庫裏」に「御」と「様」が付いてできたもの。一種の二重敬語※

【二重敬語】

ご飯に付ける味噌汁は初めのころは単に「付け」だった。それに「御」を付け「御付け」に、さらに「御」を付け、また付けて「御御《おみ》御付《おっ》け」となった。「お、お、お、お、おビール下さい」。

ともいえ、こうした組み合わせは他にもまだある。

よく使うのに「ごくろうさま」があるが、これは「苦労」に「御」「様」を付けてできているのはよくご存じのはず。「馳走」は「御馳走様」になり、「待ち遠い」は待たせ、待たされるお詫びと感謝の気持ちが「御待ち遠様」になった。他にもまだないか、考えてみるのも面白い。

「御大儀様」が出てきて、いろいろな言葉が思い出されてきた。この「様」は「さん」にもなり、「御縁さん」「御庫裏さん」となったりもする。「さん」は「様」よりも敬意度は低いものの、気安さと親しみを感じさせてくれる。

《名古屋弁のある風景》

東別院のお彼岸参り

♪つぼさんつぼさん　お彼岸みゃーりに行こみゃあか　カラスという黒鳥が足をつつき目をつつく　それがおそがて　よーみゃーらんわいな

これは名古屋地方で歌われてきた童歌。名古屋は浄土真宗の門徒が多く、中でも真宗大谷派（お東）が圧倒的だった。その〝中本山〟が「ごぼさま」「ごぼさん」と親しまれてきた名古屋御坊、現在の名古屋東別院である。

春秋のお彼岸には店も出て、特ににぎわう。参詣者にはお年寄りが多く、あちこちから名古屋弁が聞こえてくる。この歌は尾張地方で広く歌われていたものだ。

【尾張四観音】

四観音とは古くからある竜泉寺・笠寺・荒子・甚目寺の観音を指す。それらの真ん中に位置する名古屋城から見て、この四カ寺が「尾張城府四鎮の道場」とされた。大須観音は家康により美濃から移されたもので、これには入れられてはいない。


「そそ、おそそ、おそそさま。これも『お』と『さま』が付いとるがね《付いていますよ》」

「そんな恥ずかしいこと、声にでゃーて《出して》言やーすな《言いなさるな》。おっさま《和尚さん》がきとらっせる《来ておられる》し」

「あれ、それも『お』と『さま』がついーとる《付いている》のか。いぎゃー《意外》にぎょーさん《たくさん》あるなあ」
●何事も上品に言わなくては。おならはおぷー、あそこは「おそそ」。

おそそ

「おそそさま」「おほほさま」「おそうそうさま」

「清洲城へ行ったつぃーで《ついで》に、近くの甚目寺観音にみゃーてきた《参ってきた》わ」

「ほーかね《そうですか》。ほんで《それで》おそそさまも拝んでりゃーたか《拝んできましたか》」

「えっ、おそそさま？」

「あれ、行けせなんだ《行かなかった》の？　せっかく行って、おそそさまにみゃーらなんだ《参らなかった》とは……」

甚目寺観音は※尾張四観音の一つで、この地方では屈指の古刹だ。本堂に向かって右側に頭塔の一つ、釈迦堂（現在は無住）がある。薬師如来の左に祭られているなまめかしい女性が「御狙様《おそそさま》」で、かつてはこちらが本尊だった。

鬼頭勝之著『裏から読む大坂の陣』によると、釈迦堂には占いや託宣などをする比丘尼や巫女がいた。明治以前は神も仏もいっしょの神仏習合で、彼女らは生き神様・生き仏様として崇められていた。人々は本堂にお参りしたその足で、彼女らに会いに行ったもので

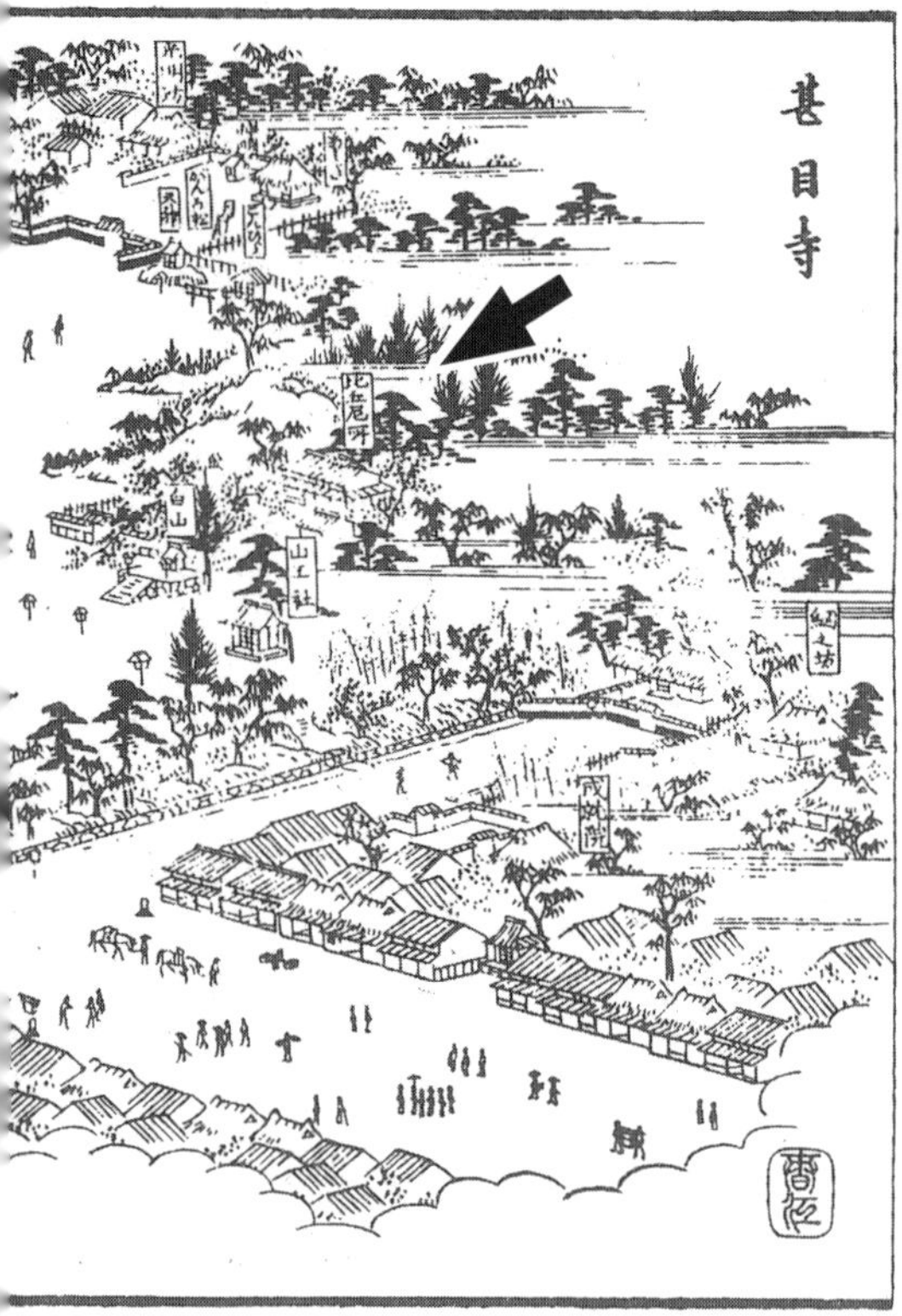

ある。

「おそそさま」はそうした彼女らの象徴だった。一宮の真清田神社でも同様、神宮寺だった般若院がそれに当たる。同社ではここが巫女や比丘尼のたまり場とされ、参拝者らの関心はこちらの方が高かったほどである。

　般若院の本尊は明治の神仏分離で譲られ、いまは江南市小折の大仏殿にある。その脇に「神石」が置かれており、こちらは「おほほさま」と呼ばれている。前面を幕で覆われているが、めくってのぞくと女性のアレにそっくりな形で、思わず「おほほ」と笑えてきてしまう。

「おそそさま」と「おほほさま」。いずれも生身の神仏である彼女らの究極の姿を表している。邪馬台国の女王卑弥呼の例を持ち出すまでもなく、女性の方が男性よりも霊能力は高いとされていた。

　それにしても「おそそさま」とは恐れ入る。荒川惣兵衛著『ナゴヤベンじてん』で「おそそ」を引くと「ベンチョ、陰門、オマンコ、べべ、ボボ」とある。これではあまりにも露骨すぎ、それを使わず

江戸時代の甚目寺観音境内の一部。「比丘尼所」とある（右上、矢印）
『尾張名所図会』より一部加工

「そそ」（『広辞苑』いわく「女性の陰部の異称」）に「お」を加え「さま」まで付けて敬っているところがにくい。

「父ちゃんに女ができてまってよー《しまってねえ》、おそそさまに打ち明けたわ。占ってまった《もらった》結果がまーちょっ《もう少し》との辛抱だと。必ず別れて戻ってくると」

「困った父ちゃんだねえ。でも、おそそさまの言わっせる《言われる》ことはよー《よく》当たるで《ので》」

おそそさまは頼りがいのある人だった。占いや除霊、託宣などを巧《たくみ》にし、庶民の願い事や悩み事などに応えてくれた。肝心の御神体や御本尊よりもむしろ、こちらの方がありがたがられたほどである。

『ナゴヤベンじてん』に「べべ」と「ボボ」もあったが、七十八年も生きてきてこれを当地で聞いたこともないし、もちろん使ったこともない。荒川氏が拾っておられるところをみると、かつてはこちらでも使われていたのだろう。中でも「ボボ」は全国的にかなりの広がりをみせ、特に九州地方ではよく用いられてきた。

かつてボボ・ブラジルというプロレスラーがいた。リングアナウンサーが「青コーナー、黒い魔神、ボボ〜オ・ブラジル〜ゥ」と叫ぶとどっと笑いと歓声が上がり、場内から「ボボ〜オ」「ボボ〜オ」の声援が乱れ飛んだ。当初は本人自身があまりの人気のほどに驚いたとのエピソードまである（九州地方では「ボボ」とは言わず、単に「ブラジル」だけだったとか）。

「おそそさま」「おほほさま」の名称こそ生まれなかったが、熱田神宮では彼女らに似た人や男性の修験者・祈祷師などもいた。彼らは神宮の西、白鳥三丁目や旗屋一、二丁目あたりに集住していた。「熱田上人《あつたしょうにん》」と言われた誓願寺の善光尼は、伊勢上人、善光寺上人とともに日本三大尼上人とされていたし、幕末期に如来教※（本山・青大悲寺）を創始したきのもそうした中から出てきた一人だった。

冒頭に挙げた甚目寺観音の「おそそさま」、いまは女性の肌荒れや赤ちゃんの痣《あざ》を治すのに御利益があるとされている。しかし、彼女らが活躍していたことはすっかり忘れ去られてしまった。釈迦堂に多くの寺宝類が残されてきたのも、庶民のそうした信仰の篤さからきている。

「あ〜ん、あ〜ん、やめちゃいや、まっとまっと《もっともっと》」

あるご夫婦がその日の夜も励んでいた。女房のためにここ一番、頑張らなければならない。しかし、現実となると厳しく、ついこう言ってしまったとさ。

「……ん、もう……」

「……おそうそうさまでした《お粗末でした》」

【如来教】
教典は当時の名古屋弁そのまま、教祖の生の声を文字にしている。天理教と同じように、幕末に出た女性による民衆宗教の一つ。信者にならないとお経を知ることはできないが、平凡社の東洋文庫に『お経様　民衆宗教の聖典・如来教』がある。

第二章　くらし

何気ない暮らしに華がある

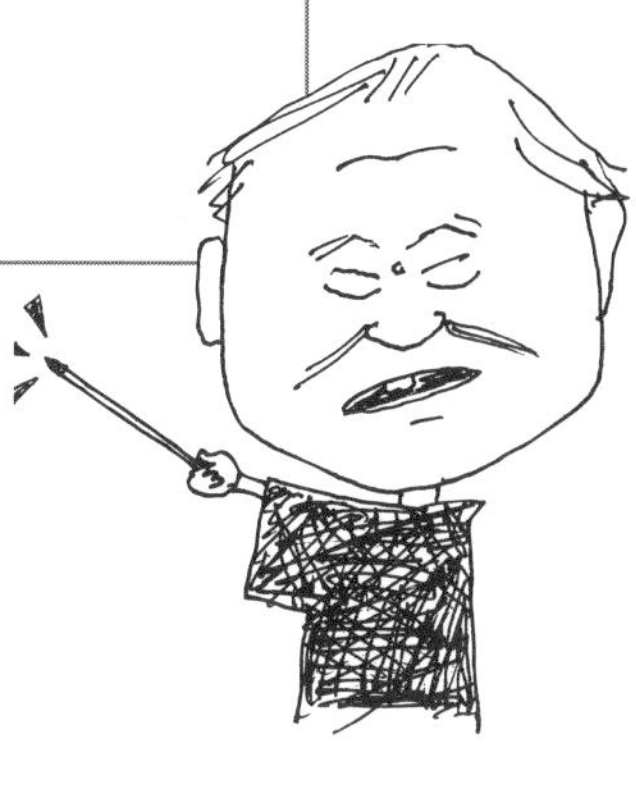

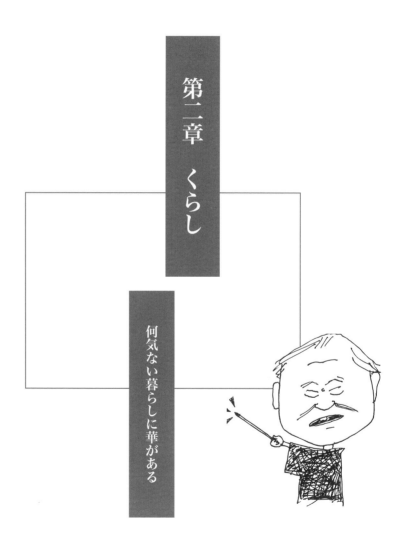

「みなさんが名古屋弁で話されていても、ぼくが行くと標準語になってしまいます」

「わしらー《わたしたち》は二刀流だでね《ですからね》。改まった席だと標準語。まあ、うぃーろ《ういろう》でも食べやー《食べなさい》」

「名古屋弁で話してもらえるようにならないといけませんね」
●標準語で話すのは相手への思いやり。名古屋名物の「うぃーろ」をうまいと思えるようにならなくては。

ういろ

「う・い・ろ・う」とは、はっきり言わない

名古屋弁には「あい（ai）」という連母音※がある。「あ」「い」と母音が二つ重なると「æ:」になるというホーソクだ。この「æ:」はあ行、か行などすべてにあるから、名古屋の大地ではこれが乱発されることになる。

「その貝、赤いですか」は「そのきゃー、あきゃーきゃー」と発音され、「お前とお宮でお見合いした」は「おみゃーとおみやでおみゃーしたわな」となる。こうした〝きゃーきゃー言葉〟〝みゃーみゃー言葉〟は口をパクパクさせない一種の省エネ話法とも言えるが、よそから来た人には聞き取りにくい原因の一つにもなっている（五ページ参照。東京・大阪の人はこれを二番目に挙げている）。

「ai」が付くものはみんな「æ:」になる。「お前」の「ae」も連母音だが、これにはなるものとならないものとがある。「お前」は「おみゃー」になったのに「駅前」は「えき

【連母音】

日本語はa・i・u・e・oの五つの母音から成る。か行は子音kに母音を足したka・ki・ku・ke・koとなるように、以下、日本語は子音＋母音で成り立っている。名古屋弁には五つの母音の他に二つの母音が重なる連母音、特にai・ui・oiがあって独特の発音になる。

みゃー」にはならない。

　学校で母音はあいうえおの五つと教わるが、名古屋弁にはさらに三つを加えて八つある。先の「あい」の他に「うい（ui）」「おい（oi）」がそれである。「うい」は口と舌との形を「う」にしたまま、「いー」と発音する。「おい」は「お」を発音する形にして、「えー」と言う。唇と舌とがサーカスをしているようなもので、よそから来た人がこれをマスターするのは至難の技だが、名古屋人には何でもないことで無意識のうちにやってしまっている。

　こんなことを書くと「私はやっていない」という人もいるかもしれない。一度、実際にこっそりと試してみて下さい。口を「う」の形にして「いー」と言うと、そら、やっぱりあなたもやっていたでしょ。

　名古屋名物の「ういろう」は「うぃーろ」となる。「うい」は「うぃー」となり、さらに末尾の「う」は消えてしまう。「う

ういろは、
うみゃーあ!!
♪ポポポイのポイ、
おくちへポイ!・
しろ・くろ・まっちゃ・
あがり・こーひー!
ゆず・さくら…

【ういろう】
ういろうは会社などへの手みやげにもいい。饅頭だと人の数だけいるが、ういろうなら数に合わせて切ればよい。これも人気を支える一つの要素になっている。

いろう」と書いてあるのに、「うぃーろ」としか言わない。

「※ういろう」の製法は中国から伝わってきたもので、その人が医を業とする「外郎《ういろう》」職にあったことから来ている。もともとは役職名であり、薬の一種だったのだ。それがいまは名古屋名物として、代表的な和菓子の一つになっている。

名古屋では青柳ういろうと大須ういろが有名。前者は旧藩主の徳川慶勝《よしかつ》公から「青柳」の名を頂戴したとのことだが、柳の英語「willow」の発音が「うぃー」と共通しているのは面白い。「ういろう」の末尾の「う」は発音されないからか、戦後にできた大須ういろは社名に「う」を付けていない。

「天気がわりぃーで《悪ぃので》、あっつぃー《暑ぃ》かさびぃー《寒ぃ》かわっかれせんがや《分かりませんよ》。やっすぃー《安ぃ》うすぃー《薄ぃ》シャツで来てまって《来てしまって》」

「悪い（warui）」「暑い（atui）」「寒い（samui）」「安い（yasui）」「薄い（usui）」にも「うい（ui）」の連母音が付く。発音はみな「うぃー」となる。「うぃーざん《初産》」「くぃーだおれ《食い倒れ》」「ぬぃーもの《縫い物》」「むぃーか《六日》」「るぃーせきあかじ《累積赤字》」など、日常会話にこれらの「うい」もよく出てくる。

そして三つめが「おい（oi）」である。これは最近あまり使われなくなってきている。頻出度から言えば「あい」が一番多く、次いで「うい」、そして「おい」の順となる。

「あえーこえー《青い鯉》がおぇーか《多い》、くれぇーこえー《黒い鯉》がおぇーか《多い》。どぇーつ《どいつ》でもえーで《よいので》、えーほー《よい方》持ってきやー《いきなさい》」

こんなにある！連母音の一例

ai（あい）

あい	あゃー	あゃーだ（間） あゃーさつ（挨拶）
かい	きゃー	きゃーちゅーでんとう（懐中電灯） きゃーしゃ（会社）
さい	さゃー	さゃーぎゃー（災害）さゃーきん（最近）
たい	てゃー	てゃー焼き（鯛焼き） てゃーへん（大変）
ない	にゃー	にゃーふくやく（内服薬） にゃーしょく（内職）
はい	ひゃー	ひゃーおく（廃屋） ひゃーざら（灰皿）
まい	みゃー	みゃーにち（毎日） みゃーばん（毎晩）
やい	やゃー	やゃーば（刃） やゃーづ（焼津）
わい	わゃー	わゃーだん（猥談） わゃーろ（賄賂）

ui（うい）

うい	うぃー	うぃーざん（初産） うぃーじん（初陣）
くい	くぃー	くぃーだおれ（食い倒れ） くぃーうち（杭打ち）
すい	すぃー	すぃーり（推理） すぃーぞっかん（水族館）
つい	つぃー	つぃーせき（追跡） つぃーづぃー（追随）
ぬい	ぬぃー	ぬぃーもの（縫い物） ぬぃーばり（縫い針）
ふい	ふぃー	ふぃーに（ふいに） ふぃーうち（不意打ち）
むい	むぃー	むぃーか（六日） むぃーしき（無意識）
ゆい	ゆぃー	ゆいーしょ（由緒） ゆぃーぶつろん（唯物論）

oi（おい）

おい	おぇー	おぇーた（置いた） おぇーてきぼり（置いてきぼり）
こい	こぇー	こぇーた（「おならを」こいた） こぇーつ（こいつ）
そい	そぇー	そぇーつ（そいつ） そぇーね（添い寝）
とい	とぇー	とぇー（樋） とぇーただす（問い質す）
のい	のぇー	のぇーた（退いた） しののぇー（篠ノ井）
ほい	ほぇー	ほぇーた（干いた） ほぇーた（「犬などが」ほえた）
もい	もぇー	もぇーだ（もいだ） かもぇー（かもい）
ろい	ろぇー	くろぇー（黒い） おしろぇー（白粉）
よい	よぇー	よぇーざめ（酔い覚め） つよぇ（強い）

名古屋弁の発音を忠実に文字化するのはなかなか難しい。しかし、片仮名で書くよりも、平仮名の方がまろやかな感じがして、似合いそうではある。

「青い（aoi）」「鯉（koi）」「多い（ooi）」「黒い（kuroi）」「どいつ（doitu）」「よい（yoi）」。どれにも連母音の「oi」が付き、はっきりと発音しない「えー」になってしまう。「そこへ置いた」はメリハリもなく「そけーえーた」になる。

このように名古屋弁にはあいうえお以外に三つの連母音があり、普段の会話は八つの母音を駆使して行われている。よそから来た人が何とかして名古屋になじみたいと努力しても、単語は覚えられるけれども会話となると簡単ではない。そこには唇と舌との芸当とも言える特殊な技法が秘められているからである。

《名古屋弁のある風景》

名古屋弁ちりばめた名古屋甚句

♪おいてちょうだいもに　すかたらんにおきゃあせ　ちょっともだちゃかんと　くざるぜも　そうきゃもそうきゃも　なんでゃあも　いかすかおきゃすか　どうしゃあす……。

軽快なリズムに名古屋弁満載で歌われる名古屋甚句。いろいろな歌詞の甚句があり、これもそうしたものの中の一つ。この意味が分かればかなりの名古屋弁通と言えるが、名古屋住まいの若い人でも何が何だか分からない？

【翻訳】（名古屋弁には）「やめてちょうだい」に「気に入らない」「やめておきなさい」（がある）。全然よくないとごねますよ。そうですか、そうですか、何ですか。行きなさるか、やめなさるか、どうされますか（いい女の人に会いに行くことになる）。

「名古屋はなごやか、なかよしこよし。身内でしっかり固まって」
「なにぃ《何ですか》、それ、歌？　地元意識がつよて《強くて》、閉鎖的でひゃーた《排他》的と言いてゃー《言いたい》のかね」
「いや、外から来た人にも、それぐりゃー《それくらい》気をつかっとる《使っている》ということだわ」
●名古屋は日本の真ん中にある都。東西の顔を立てて生まれた言葉「おそがい」。

おそがい

足して二で割る名古屋人のやさしさ

夜道を独りで歩いていたら、突然、野良犬がほえかかってきた。酔っ払いながら家のドアを開けると、カアちゃんが玄関先で仁王立ちしていた。こんなときの感情を名古屋弁で何と言うか。

いやいや、これは愚問だった。答えはもう見出しに出てしまっている。われわれは「おそがい」を何気なく使っているが、考えてみるとこれはなかなか興味深い言葉である。いま「おそがい」が使われているのは尾張と美濃、それに遠く離れた佐渡島くらい。関東ではもっぱら「おそろしい」と言い、関西では「こわい」と言っている。「おそがい」を使っている地域は限られていて、われわれが思っている以上に〝お宝〟とも言える貴重な言葉なのだ。

「ほーきゃあ《そうですか》、それは知らなんだがね《知りませんでしたよ》。どーゆうこってやあ《どういうことですか》」

こんな疑問を持った人もあるか。「おそがい」はこちらでよく使っているのに『広辞苑』にも載っていない。「おそろしい」も「こわい」もちゃんと載っているのに、だ。

名古屋は日本の真ん中にあり、関東と関西とを結ぶ架け橋である。人・物・金・情報などあらゆるものが行き交っており、言葉も東からも西からもやってくる。名古屋弁には両者の言葉が入り乱れ、この地は東西方言のるつぼと化している。

一例を挙げると、こんなふうになる。「いかん」は関西の「あかん」から来ており、「ひどい」「ころぶ」は関東、「わや」「けなるい」は関西から来たものをもらっている。名古屋は両者の中間にあり〝いいとこ取り〟のできる地と言うこともできる。

「ここはありがてゃーとこだわ《ありがたいところですよ》。何でも東からも西からも来るもんで《ので》。これが辺鄙なとこ《ところ》だったら、こっちから出てかなかん《出ていかなくてはならない》」

ご先祖たちはこう思っていたかどうか。名古屋人が保守的で閉鎖的になってしまったのも、こうした恵まれた立地条件から来ているのかもしれない。言葉も別に頭や体を使わずとも、「あ、これ、もらってこ《もらっておきましょう》」と好きな方を取ればよかった。

ところが「おそがい」はちょっと違っていた。東からは「おそろしい」が来る、西からは「こわい」が来る。決めかねているうちに、「おそろしい」を使う人もいれば「こわい」を使う人も出てきた。

　こうなってくると東の顔も立てないかん《立てなくてはいけない》、西の顔も立てないかん、と思ったのかどうか。もたもたしているうちに二つを足したような「おそごわい」という言葉が生まれ、やがてそれが縮まって「おそがい」になった。「おそがい」の背後にはどちらか一方を取るのではなく、両者を合体させるほどの時間的・歴史的な経過が秘められている。

　これは名古屋だけに限ったこと

三大都市　言葉の比較

【名古屋】	【東　京】	【大　阪】
いかん	いけない	あかん
ひどい	ひどい	えげつない
ころぶ	ころぶ	こける
わや	めちゃくちゃ	わや
いかき	ざる	いかき
しょうや	めんこ	めんこ
こんろ	ひちりん	かんてき
さいり	さんま	さいら
にぼし	にぼし	いりこ
けなるい	うらやましい	けなるい
たるい	だるい	しんどい
出いた	出した	出いた
さしみ	さしみ	つくり
へび、へんび	へび	くちなわ
ほかる	ほっぽる	ほかす
か（買）った	かった	こうた
見よ	見ろ	見よ
に（煮）る	にる	たく
かばやき	かばやき	まむし
おる	いる	おる
チャーハン	チャーハン	やきめし
マック	マック	マクド

ではない。東の「おそろしい」と西の「こわい」はぶつかり合い、その最前線となった岐阜や高山、新潟でも同じこと。日本列島の中央部を南北に走る「おそがい」ラインが出来上がったが、やがて高山や新潟などでは消え、いまでは尾張と美濃、それに遠く離れた佐渡に残ったというわけである。

　このへんのところがまた面白い。名古屋は佐渡島にも似て〝陸の孤島〟※と言えるか。いまはそうでもないかもしれないが、少し前までは閉鎖的で排他的だと外部の人たちからよく非難されたものである。

　名古屋人は恵まれすぎていて、どちらかと言うと進取の気風に欠ける。若い人でも外へ出てまでして、活躍しようとは思わない。公務員を選ぶにしても、愛知県庁より転勤させられても通勤できる名古屋市役所の方が人気だ。

　関東の「おそろしい」には二段重ねの「おそるおそる」があり、関西の「こわい」にも「こわごわ」という表現がある。こちらの「おそがい」にも「初めてだで《ですから》、おそがおそがやっ《やり》たがね《ましたよ》」などと言うように「おそがおそが」がある。前の二つは『広辞苑』に載っているが、「おそがおそが」もやはりない。

【陸の孤島】
　１００％豆だけの赤味噌も、この地方ならではの限定品。よそは麹に麦や米を使いだしたのに、こちらは中国伝来そのままの豆を頑固に受け継いでいる。

「初めて笹島に駅ができたとき、笹島※ステンショと言っとった《言っていた》と」
「役所はコミュニティーセンターと名付けたけど、みんなが言っとる《言っている》のはコミセンだわ」
「わやだわ。名古屋人は『態々《わざわざ》』も音読みしてまって《しまって》、たいだいだがね」
●名古屋人は頭がいい。わざわざではなくて「たいだい」だ。

【笹島駅】 JR名古屋駅の前身。明治十九年（一八八六）開業。現在の「メルサ」の地にあった。当時は鉄道に反対する意見もあり、名古屋区長吉田禄在を皮肉って「ついでに禄在もステンショ（捨てんしょ）」と言われた。

たいだい

「態《わざ》と」「態々《わざわざ》」、訓ではなく音で

「たいだい」と書くと、何のことだか分からないか。この発音を忠実に文字化すると「てゃーでゃー」となる。これならもうお分かりでしょ。

名古屋弁には「あい（ai）」「うい（ui）」「おい（oi）」の三つの連母音がある。「あい（ai）」は「æ:」になる。名古屋人は「たいだい」とメリハリを付けず、「てゃーでゃー」と口の動きを少なくする省エネ話法で話す。

「おみゃー《お前》、こっすぃー《ずるい》なあ。車で行くというのに、免許証てゃーでゃー忘れてきたろー《ろう》。運転したにゃーもんで《したくないので》」

気の合った友達と旅行するのは楽しいものだ。しかし、運転する人は大変である。いまに助手席や後ろでビールを飲み出すに決まっている。

長距離となればなるほど、交替しないとたまらない。それなのに忘れてこられては

「てゃーでゃー」と皮肉の一つも言いたくなってくる。そんなときには「いや、てゃーでゃーでにゃあ《ではない》。あわてとった《ていた》もんで《ので》、ついうっかり」と弁解することになる。

帰ってきた次の日曜日、一人の友人宅で反省会と称する飲み会があった。行き先を紹介した写真集を持って行ったが、酔っ払ってうっかり忘れてきてしまった。

「これ、忘れとりゃーたで《忘れておられたので》、持ってきたわ」（と言いながら後日、届けてくれた）

「わりぃー《悪い》ねえ。てゃーでゃーでなても《なくても》、ついーで《ついで》のときでよかったに《のに》」

「おんなじ景色見とっても《見ていても》、写真家が撮ると全然違うなあ。おもしれー《おもしろい》本だったわ」

いま出た「たいだい」の「たい」は「ai」があるので「てゃー」、「わるい」は「ui」があって「わりぃー」、「おもしろい」は「oi」があるから「おもしれー」となる。名古屋人の発音は「たいだい」「わるい」「おもしろい」とはっきり言わない。

この「たいだい」には二つの意

(せっかく)
てゃーでゃーもらった
(橙)
でゃーでゃーを
(わざと)
てゃーでゃー
落とらきゃあただろ!

味がある。一つは「わざと」とか「故意に」、もう一つは「わざわざ」とか「せっかく」の意。前者では「てゃーでゃー落とりやきゃーただろ《落とらかしたでしょう》」などと言い、後者では「てゃーでゃー来てちょーしたに《来て下さったのに》、いま留守しとって《していて》」と奥さんが謝ったりもする。

この「てゃーでゃー」は漢字で書くと「態々」となる。名古屋人は頭がよいので、これを「たいだい」と音読みした。名古屋では気軽に使われているのに、よそではほとんど用いられておらず、立派な名古屋弁の一つとなっている。

これを共通語では何と言っているのか。それは「態々」と書いて「わざわざ」となる。手元の国語辞典を引いてみても「たいだい」では載っておらず、「たいだ」(怠惰)の次は「だいたい」(代替)になってしまっている。

それが「わざわざ」で引くと、ちゃんと「態々」で載っている。これを応用したのに「わざと」がある。「てゃーと」とは言わないが、「てゃーでゃー」を「わざと《態と》」の意でも使っていた。

名古屋人の祖先がこのように音読みしてしまった例は他にもある。よく「胸がずつない」とか「気がずつない」と言ったりする。「苦しい」「辛い」の意味で使っているが、これも辞書には載っていない。

「ずつない」の「ずつ」は漢字で書けば「術」。この場合の「術」は「すべ」と読むべきで、お手上げの状態を「なす術《すべ》がない」と言ったりする。われわれのご先祖たちはこれを音で「ジュツ」と読み、それがなまって「ずつ」になった。

「うちにおる《いる》と嫁に気がずつにゃーで《ので》、なるべくそてぇ《外へ》ー出るよーにしとるけど、そーもいつもいつもそてぇ《外へ》ーに出とるわけにもいかんで、困ったもんだ《ものですよ》」

「なにもそーもずつながらんでもえーがね《いいですよ》。おみゃー《あなた》さんのうちだで《ですから》」

このように「ずつ」は「ずつない」の否定形のみで用い、「ずつある」とか「ずつがある」などとは言わない。名古屋弁に「ひず《元気》」というのがあるが、これも「ひずがない」と言うだけで、「ひずがある」とは言わない。「ずつ」と来たら必ず「ない」と続く。

何気なく使っている「たいだい」にもこのような背景がある。心して使いたいものである。しかし、改めて考え直してみれば、音読みしたのは頭がよかったのか、悪かったのか……。

【腹が立つ】
めちゃくちゃ腹が立つと、大腸がグラグラのたうち回ように感じる。この状態を「はらわたが煮え返る」と言う。さらに強調すると「はらわたが煮えくり返る」となる。

「卑弥呼《ひみこ》は鏡をほしがったって？　よっぽどの美人だったかね《ですか》」
「当時の日本にはにゃーで《ないので》、中国からもらってござった《こられた》わ。それも、ぎょーさん《たくさん》」
「鏡がにゃーと《ないと》自分の顔が見れん《見られない》でねえ。美人の確かめよーがにゃあ《ない》」
●いまはどこにでもあるが、これがなかった時代には……水辺で「つくなう」ことに。

つくなう

オリジナリティあふれる名古屋弁の一つ

「孫を連れて買いもん《買い物》に言ったら駄々をこねやがって、つくない込んでまって《しまって》、ごーたがわやーて《腹が立って》きてまったがや《しまったですよ》」

孫はかわいいと思っている人でも、他人に話すときはきつい表現になったりする。こんな言い方は孫や親に向かってはしない。同じ老人同士での、くだけた会話だった。

確かに孫の面倒を見るのは大変だ。向こうはちょこまか動き回るし、こちらは体力的に見ても限界がきている。いくらかわいい孫であっても、手に負えなくなるときもある。

※腹が立つことを「ごうがわく」と言う。この人のように「ごうたがわく」と「た」を付けたり、「ごがわく」と「う」を抜いたりもする。「ごう」は仏教用語の「業」で、腹の立つことを「業腹《ごうばら》」とも言う。普通は「業を煮やす」と言うが、名古屋では「業が沸く」と言っている。

問題は「つくなう」※だ。いま「つくない込んで」が出たが、名古屋では「うずくまる」「しゃむ」ことを「つくなう」と言っている。先ほど気晴らしに散歩に出たら、暑さのせいか犬がつくない込んでしまい、立ち往生している人がいた。

「さっきからそこでつくなっとりゃーす《しゃがんでおられます》けど、気分でもわりぃーきゃあ《悪いですか》。ちょっとしん《心》ぴゃー《配》で来てみたけど」

「草むしりはつくないづめだで《ですから》、腰がいたてもたん《痛くてたまらない》。まー《もう》あとはおみゃーさん《お前さん》に頼むわ」

「つくなう」はこの地方で使われているが、全国的に見ると尾張と美濃くらいにしかない。ありふれてはいても、それほど貴重な方言と言える。これを知らないよその人からは「つぐなう(償う)」と勘違いされかねない。

この「つくなう」は古語の「つくばう」が変化したものだ。「つくばう」はいまも使っており「しゃがむ」とか「うずくま

【つくなう】
「つくなう」に似た言葉に「こずむ」がある。かがむ、沈む、うずくまるの意。例「風呂へ入ったら、ちゃんとこずんでりゃーよ。カゼ引くとかんで」「そのみかんのジュースはつぶつぶがこずんどるで、さゃーごの方は振ってからのみゃーよ」。

る」の意。こちらでは本家の「つくばう」よりも分家の「つくなう」の方が気軽に用いられている。

美濃白川で生まれたという知人の話によると、向こうでは「つくばう」とか「つくばる」は「正座する」という意味で使っているそうだ。「正座して」と頼むときは「つくばって」と言うとか。これはもっと北の飛騨地方でも用いられているらしい。

同じ「つくばう」でも「正座する」意味で使う「つくばう」は方言と言える。名古屋弁には「正座する」ことを表現する適当な言葉が見つからない。「正座する」ためには「かがむ」必要があり、そこから発展して「つくばう」が用いられるようになってきたのだろう。

茶室のあるような庭にはよく背の低い手洗い鉢が置かれていたりする。それが「つくばう」を名詞化した「つくばい」だ。しゃがみ込まな

舟橋武志の読書日記

ブックショップ
マイタウン店主

楽しい硬軟の方言論

今回は、買い取った古本の中の2冊。最初は『方言から見た東海道』（山口幸洋著、秋山書店刊＝写真左上）。方言に関する8本の原稿で構成され、表題にはそのうちの一つが選ばれている。

方言も大きくは関東系と関西系とに分けられる。その境目を論じたのが「東西方言境界線の意味」で、太平洋側では著者の住む浜名湖辺りに当たる。著者は東海道の通る静岡県を中心に研究を進め、さらに地方へも頻繁に足を延ばしてゆく。岐阜県で拾った「あばよ（さよなら）」と鹿児島県などで考えた「かがみ（鏡）」から、それらの語源を導き出す2本も通説とは異なっていて興味深い。

著者の方言研究は境界線上に住んでいたことから、早くも中学生時代に始まった。高卒後は家業を引き継ぎながらも、暇を見つけては録音機を肩に各地を尋ね歩いた。地をはうような長年の研究が認められ、最後は静岡大学の教授として教壇にも立っている。

もう一冊は『方言風土記』（すぎもとつとむ著、雄山閣刊＝写真左下）。前著は論文調で読むのに覚悟を要したが、こちらは紀行文的な紹介で気軽に読める。都道府県別に方言を取り上げながら、名物や名所・気質、さらには色っぽい話までを盛り込む。本でお国巡りができ、珍しい方言とも出合える。

所変われば品物も言葉も変わる。金沢では「おっぱいしなさい」は「正座しなさい」、「おろかなお子さま」は「素直なお子さま」だとか。知らないと大変なことにもなりかねない。

方言は郷土色にあふれた無形文化財とも言える。それがさまざまな理由により、急速に廃れつつある。寂しくはあるが、致し方ないことでもあるのか。

日本農業新聞

いことには手を洗えない。

これに似て「鏡」の語源も面白い。鏡がまだ存在していなかった大昔、自分で自分の顔を見るのは大変なことだった。静止した水のあるところへ行ってかがみ込み、ぬーっと顔を突き出してやっと己の顔を確認することができた。だから「かがむ」の名詞形「かかみ」が物体の名前になった。

わが国にまともな鏡を初めて持ち込んだのは邪馬台国の女王卑弥呼だった。彼女は中国の魏《ぎ》に使者を送り、「親魏倭王《しんぎわおう》」の称号をもらった。ところがこんなものよりも鏡をほしがり、向こうの人たちを不思議がらせている。

身近にないとなれば、やはりほしかったか。これがあれば「私って、きれい?」とうっとりできるし、いちいち水のあるところまで行く必要もない。そんなわけで、どえりゃー《ものすごく》ぎょーさん《たくさん》の鏡をもらい、使者は意気揚々と帰国している。

それらは縁（周辺）の断面が三角形になり、表面に神様や動物があしらわれていたことから、考古学の世界では「三角縁神獣鏡《※さんかくぶちしんじゅうきょう》」と呼ばれている。しかし、その彫り物のあるのは鏡の裏側であって、本来の使用目的は顔を映せる反対側にあった。この利器はやがて権威の象徴として各地の有力者に配られることになるが、鏡がありがたがれたのも自分の顔を映せる貴重なものであったからだ。

「つくばい」が「つくばう」から出て「かがみ」が「かがむ」から生まれた。友人にこんな話をしていたら、思ってもいない質問をしてきた。いまどきどうしてコゴミなのか。

【三角縁神獣鏡】
この「縁」は「ぶち」とも「えん」とも読み、一定していない。また、鏡は「中国から来た」とする説に対し「いや、国産だ」との意見もある。考古学界ではこの論争にいまなお決着していない。

聞けば出身が岐阜県の山奥で、子供のころからよく山菜を採りに行ったし、いまもその季節になると実家から送ってくるとか。考えてみれば、これはいい質問だ。彼に感謝しなければならない。

共通語の「かがむ」の同意語に「こごむ」「こごめる」がある。「コゴミ」は「こごむ」から生まれてきたもので、その名詞形を名称としている。「コゴミ」はクサソテツの若芽のことを言い、その先端がくるっと巻いていて人がこごんでいるようにも見えるからだ。

問題は「かがむ」や「こごむ」ではなく「つくなう」だった。「つくなう」姿勢は苦しいし、みっともない。しかし、このごろは若い人がつくなっている姿をよく見かける。

先日も交差点で信号待ちをしていると、後ろから歩いてきた人がつくない込んでスマホを見だした。コンビニ前などでも、つくないながら話しているグループを見かける。やっぱりつくなってばかりの姿勢はえらいのか、店から出てきたときにはみんな尻まで下ろして座り込んでしまっていた。いまはあまり言わなくなったが、かつてはこう人たちを「ジベタリアン」と呼んでいたものだ。

「うちは一人娘だでよー《ねえ》、わりぃー《悪い》男がつけせんかとしんぴゃー《心配》でしんぴゃーで」
「なに言っとりゃーす《言っておられますか》。まんだ《まだ》五つになりゃーたばっかだがね《なられたばかりですよ》」
「そんなこと言やーす《言われます》けど、すぐに大きなってまうで《しまうので》」
●遅かれ早かれ、娘の結婚は大問題だ。そのとき「つうろく」が問題になったりして。

つうろく

結婚もバランス感覚が大切？

「そのネクテャー《ネクタイ》、えー柄だがね《よい柄ですね》。背広とよー《よく》つうろくしとる《している》」

「つうろく」はこうして「つうろくする」、あるいは「つうろくしない」の形で用いられる。「似合う」とか「つり合う」といった意味。名古屋人はこの「つうろく」という言葉で、バランス感覚を大切にしてきた。

着物の色や柄が派手な人を「だいつう」※と言い、逆に地味な人を「こうとい」※と評したりもする。相反するものだが、どちらも誉め言葉だ。これは単に派手とか地味というのではなく、ともに品格を伴っていなくてはならない。

「あの夫婦は破《わ》れ鍋にとじ蓋だわ《ですよ》。似た者同士で、よー《よく》つーろくしとる《している》」

ちょっとヘンだが、お似合いの二人。「つうろく」はあまり聞かなくなったが、日常生活の中で使う場面はどこにでもある。これが最もよく用いられていたのがお見合いのとき

【だいつう・こうとい】 漢字で書けば「大通」で「大の通人」の略。「こうとい」は「高等」に「い」を付けて形容詞化したものか。ともに粋とか品格が求められており、原色ケバケバや貧乏くさいものに対して言ったり評したりはしない。この二つはメビウスの帯のように、本物の名古屋人の生き方を示すものでもある。

だった。

「ちょっと見てちょー《下さい》。この娘さんはどーでやー《どうですか》。器量もえー《よい》し、でゃーがく《大学》も出とらっせる《出ておられる》」

やり手のお見合いおばさんが写真や釣書を持ってやってくる。これを見た両親は娘さん本人もさることながら、まずは相手方の親や仕事・家柄などを気にする。結婚となるとおおごとで、バランス感覚が問われてくる。

「うちにはちぃー《少し》とえりゃにゃあきゃあ《不釣り合いではないか》。向こう様は資産家のよー《よう》で、こっち《こちら》とはちぎゃーすぎとるよー《違いすぎているよう》に思うけど」

「なに言っとりゃーす《何を言っておられますか》。あんたんとこ《あんたのところ》は侍の出だがね《ですね》。屋敷もひれー《広い》し、つーろくしとると思うよ」

「屋敷がひれー《広い》だけで、なんにもあれせん《ありません》。そっちは借家も何軒か持っとらっせる《持っておられる》し」

本人同士のことなど、そっちのけ。やり手のおばさんが乗り出してきて、両家の話をうまくまとめてお見合いとなるのだが、こんな当たり前だったシーンも今は遠い昔のこと。時の流れはそれほど速い。

なにかと話題になる結婚難の一因も、こうしたお見合いおばさんがいなくなったことにもよる。昔は身近に世話好きの人がいたもので、男も女も年ごろになると周りが放っておかなかった。いまあるのは地縁も人脈もない、営利の結婚相談所ばかりだ。

この「つうろく」はどこから出てきた言葉なのか。漢字で書けば「通禄」ないしは「対

禄」で、禄高から来たものと思われる。百石取りの武士なら百石取りと、三百石取りなら三百取りとでないと、釣り合いが取れない。

昔は身分や家柄が重視され、本人らの意向など二の次、三の次。「つうろく」が取れていれば親同士で決め、それから初顔合わせというケースもめずらしくはなかった。ここまで来ると、もう嫌とは言えない。

いまは亡き友達のお母さんは生前、「（訪ねてきた父子に）お茶をでゃーて《出して》ちらっと見たのがお見合いだった」と照れくさそうに語っていた。その後、ご飯を振る舞うことになり、障子の隙間からのぞいていたそうだ。そうしたら「はしを取って食べてまえたで《もらえたので》うれしかった」と言い、「食べずに帰られたら、いっしょにはなれなんだわな《なれなかったですよ》」と笑っていたものだ。

名古屋人には知恵があった。嫁をもらう方は「つうろく」と言いながらも、ちょっと格下の家を選んだ。これは武家にも、商家にも共通して言えた。

三百石取りなら二百五十石取りくらいの家の娘さんを選んだ。大店でも少し格下をよしとした。せっかく迎え入れた嫁でも、格式が高くては扱いにくいからだ。

玉の輿などもってのほかで、喜んでなどはいられない。三百石取りの家の娘が千石取りの家へ嫁げば、肩身は狭いしこき使われたりもする。両親はじめ一族郎党に至るまで、何かにつけて頭の上がらない関係になる。

いまは「つうろく」をまったく気にしない、自由恋愛のいい時代になった。その一方では結婚難が切実で、これでは子供も生まれてこない。いまこそお見合いおばさんの出番のように思うのだが……。

……と、ここまで書いてきたが、まだスペースがある。そこで駄作の蛇足——。

- 「つうろく」と　口には出すが　格下《した》を見る
- 「つうろく」の　掟破りだ　玉の輿
- お見合いに　「イメージです」と　書く写真
- 見た目よし　インスタ映えの　夫《つま》選び
- お節介　非難されても　結び付け

「建て売り住宅が造られとる《ている》けど、見とると《見ていると》おぞい《※粗末な》もんだ」

「そりゃ、昔の大きな家に住んどりゃ《住んでいれば》、そー見えてまう《しまう》わな」

「大黒柱があれせん《ありません》。壁もベニヤをぺたぺた張っとる《張っている》だけだがや」
●いまはそういう時代なの。時には手抜きや「そそら」造りもあったりして……。

そそら

そんなそそらではだちゃかん

「そそら」とは響きのよい言葉だ。立派なビルが建つと、これに愛称が付けられる。その良し悪しは商売をしていく上でも重要な要素となり、明るく親しみやすいものにと知恵を絞ることになる。

「そそら」はなんとなく空をイメージさせる。二十一世紀にふさわしい「ソソラ21」とか「ソソラ・ミライ」などはなかなかいい感じではないか。そう言えば、栄の「スカイル」も「スカイ」に「ル」を付けた造語だった。「そそら」を聞くと「♪ソソラ、ソラソラ、ウサギのダンス……」なんて歌までが口に出てくる。

しかし、本当のことを言うと、名古屋でこのネーミングはよろしくない。「そそら」とは「粗末」とか「ぞんざい」「投げやり」などという名古屋弁だからだ。巨大施設のネーミングに方言を持ってくることもよくあるが、この「そそら」だけは付けられたものでは

【おぞい】

「粗末な」「劣悪な」「ひどい」「みすぼらしい」などの意。ときには人に対して用いられることも。例「景品の鉛筆だで、おぞいもんだわ」「清水の次郎長はおぞい顔をしとったげな」

ない。

居酒屋の「居来瀬」が東京へ進出することになり、「素材屋」に名を変えた。「いりゃーせ《来て下さい》」は名古屋で歓迎されても、よそでは意味が通じそうにない。ましてや、東京では。

名古屋駅前のJRゲートタワーのできる前までは名古屋ターミナルビルがあり、そこにターミナルホテルが入っていた。立地もよく施設も充実しているのに、なぜか外国人客が少ないことに気付いた。調査してみたところ、名前の「ターミナル」が海外では「終末医療」を意味していたと分かり、名を「ホテルアソシア名古屋ターミナル」に改めたというエピソードもある。

話を本題にもどして、名古屋弁の「そそら」だ。これは「粗末」「ぞんざい」などの意味だったが、面白いことに強調して「そそらそそら」と重ねて用

「ウサちゃん」は、仕事ははっやあらけど“そそらそそら”だでかん!
引き出しが、ひやあらーせんがや!!
“そそら”
そらそら
ウサギのタンス…
つくりが雑なタンス

いることもある。するといよいよリズミカルになってくる。

「あの大工は仕事をやるのははっやー《速い》が、そそらそそらだもんで《なので》、後でまた手直ししなかん《しなくてはならない》ことがおえー《多い》」

「今日はせわしい《忙しい》しチェックもあれせんで《ありませんので》、そそらにやっておきゃえーわ《やっておけばいい》」

「こんなそそらにそそくっとってはだちゃかん《だめです》。すぐまたほつれてまうで《しまうので》」

めずらしく娘さんが洋服を直しているというのに、母親の目から見ると「そそら」にやっているようにしか見えない。確かに、現実はその程度のものでしかないのかもしれない。しかし、ここは針仕事をやっているのをほめてやるべきで、批判するよりも前に教えてあげたいものだ。

いま出た「そそくる」というのも名古屋弁だ。衣類などを「つくろう」「修繕する」「修理する」などの意。急いでやったような住宅のリフォームは「そそくりぶしん《普請》」と言われたりもする。

最近は原稿や資料などをパソコンに入れ、重要なものはプリントアウトして保存することも多い。そうしたものをきれいに製本してやると、一冊だけの立派な「マイブック」ができる。ページ合わせや折り、綴じなどを丁寧にやれば、本箱に飾っておきたい気持ちにもなってくる。

同じものであっても、それが「そそら」製本では見た目に悪いし、愛着も湧いてこない。筆者もいろいろ書き散らした原稿を製本し、保存したりしている。自分のものだけに「そそら」にはできず、中にはプロの製本屋でもこんなに手間をかけないと思われるようなものもある。

さて、「そそら」の語源だが、これがよく分からない。似た言葉は関西弁※にもないようだ。ということは、名古屋とその周辺だけで使われているのだろうか。

意味から類推すると「粗相」に通じるものがある。『広辞苑』を引くと「そ‐そう【粗相】」として①粗末なこと。②そそっかしいこと。軽率。③あやまち。しそこない。また、ぶしつけなこと。④大小便をもらすこと」とある。この中の①や③から来ているのではなかろうか。

もともとは「縫い方が粗相だ」「あの大工の仕事ぶりは粗相だ」などと言っていた「粗相」が「そそら」になった。「そそら」は「そそう」のなまったものとも考えられる。

名古屋ではサンマのことを「サイリ」と言っていた。子供のころ「サイリ」が当たり前で、「サンマ」などは聞いたこともなかった。ところがいまは「サイリ」を言う人は絶無で、みんな共通語の「サンマ」になってしまった。

「サンマ」は関西で「サイラ」と言われていた。これが名古屋へ来て「サイリ」になった。明石家サンマも明石家サイラだったら、全国的な人気は得られなかったか。

関西の「サイラ」が名古屋で「サイリ」になった。「あかん」は「いかん」に、「ごめんやす」は「ごめやーす」になった。それと同じではないか。

【関西弁】
名古屋弁の語源を考えるとき、まずは関西弁に当たってみるとよい。その多くは関西から来ているからだ。都が京都にあった歴史は言葉にも深く影響している。

「まーだまっとりゃー《もう黙っておりなさい》。やかましい。えー《いい》加減にしてちょーせんか《下さいませんか》」
「やっとかめ《久しぶり》に会えたもんで《ので》、話してゃー《話したい》ことがいっぴゃー《いっぱい》あって」
「本読んどるもんで《読んでいますので》、後ろでわーわー言われると頭にひゃーてけせん《入っていきません》」
●暇な人もいれば忙しい人もいる。仕事に「ぼわれる」人に、暇人は目の毒、目の敵。

ぼわれる

ぼーやーで、ぼってぼわれて

何かに追われることを「ぼわれる」と言い、逆に追うことを「ぼう」と言う。「お」が「ぼ」になまっただけの実に簡単な名古屋弁だ。口の動かし方からすると「ぼ」と破裂させた方が言いやすいからこうなるのか。

「月末が迫ってきとるで《きているので》、仕事にぼわれてまっとる《しまっている》。せっかくだけど、行けん《行けない》なあ」

遊びに誘ってくれたものの、忙しくてその余裕がない。行きたいのは山々だが、断らざるを得ない。「ぼわれる」は転じて「忙しい」の意味にもなる。

忙しさを強調したいときは「言いからかす」「やりからかす」などと言うように「……からかす《※…し続ける…しまくる》」を使うと一層効果的だ。「ぼわれからきゃーとるで《追い回されているので》、いまはとても行けん《行けない》」。

こうなると相手もおもんばかって「そーしゃ《そうすれば》日にちを変えるか」となるかもしれない。

いまの暮らしは何かにつけて忙しい。これに金銭が絡んでくると、精神的なストレスも

【からかす】
これは動詞の連用形に付いて、その動作を強調することになる。物事をオーバーに表現したいときにもってこい。例「きんのう、やりからかした」「あんまり悲して、泣きからきゃーた」。

倍加する。月々のローンやクレジットの返済に「ぼわれ」たりするのもめずらしくない。

ローンとかクレジットとか言うが、これは立派な借金である。借金というとかなりの覚悟が必要になってくるが、カタカナの美名に置き換えられると気安く乗ってしまう。後から来るのは高い利子で、返済に「ぼわれる」苦しみばかり、ということにもなりかねない。

忙しい毎日だから「ぼわれる」機会は多い。いま挙げた返済に「ぼわれる」や納期に「ぼわれる」、締め切りに「ぼわれる」など。この原稿も締め切りに「ぼわれて」書いている。

子供のころ、よく鬼ごっこをしたものだ。あれを「ぼーやー」と言っていた。これも「ぼう」「ぼわれる」から来ている。

「ぼーやーやろみゃーか《しましょうか》。お宮へ集まれよ」

学校から帰れば、遊ぶことばかりを考えていた。いまとは違ってみんなが集まり、屋外ですることが多かった。遊びの道具や器具らしいものはほとん

どなかったが、頭と体を使っていろいろな遊びを考え出していたものだ。

　この「ぼーやー」は「追い合い」から来ている。たがいに追いかけ合うだけの単純な遊びで、いまならどこが面白かったかと思えてくる。しかし、あのころ男同士で「ぼーやー」は人気の高い遊びの一つだった。

　それなのに筆者はこれが大の苦手だった。走るのがひときわ遅く、鬼ばかりしていた。「ぼわれ」ればすぐに捕まり、「ぼえ」ば逃げられてなかなか捕まえられない。

　こんな状態だったから、子供時代は運動会が嫌で嫌で仕方がなかった。徒競走はいつもどべ。どべ《びり》2《に》になったことは小学校六年間を通じて一回もなかった。

　いっしょに走る組の者からは、ただいるというだけで「どべにはならない」と安心

神事が終わって〝ぼい出される〟神男　『尾張名所図会』より

される。終われば終わったで「またどべか」とからかわれたりもした。運動会に楽しい思い出はまったくない。

名古屋では最下位、びりを「どべ」と言う。「どべ」から二番目が「どべ2」でブービー賞ものだが、「どべ2」にそんな賞や名誉はない。中日ファンでも負けが続くと、かわいさあまって怒り百倍、中日ドベゴンズとけなしたりもしている。

「どべ」の語源はよく分からない。「ど」は強調の「ど」だが、「べ」は何と解釈すべきか。一説に、大阪弁では「どべ」を「べべ」と言い、これに「ど」が付いて「どべべ」、略して「どべ」になったとする見方もある。

鬼ごっこで「ぼう」立場の鬼を何と言うか。「いま、だれがしんか」「おれ、しんになってまった」。子供のころ、それを「しん」と呼んでいた。

これについて周りの人に聞き回ったところ、ほとんどの人が「しん」は知らない、とのことだった。筆者の生まれた岩倉市、あるいはもっと狭い集落くらいで使われていた言葉だったのだろうか。鬼ごっこの鬼のことを何と言っていたのか、ご存じの方があったらお教えいただくとありがたい。

「しん」の語源を考えると、中心の「心」だろうか。それとも尾張地方では国府宮《こうのみや》の儺追《なおい》※神事「はだか祭」が盛大に行われており、祭りの主役となる儺負人《なおいにん》は神男《しんおとこ》と呼ばれている。この「神」から来ているとも思えるが、さて、どうなのだろうか。

【儺追神事】

国府宮（稲沢市）の正式名称は尾張大国霊《おおくにたま》神社。旧暦の一月十三日にこの神事が執り行われている。はだか祭の主役となる〝神男〟儺負人に一切の厄を背負わせて厄払いをするもので、かつては居合わせた旅人らを捕らえて〝神男〟に仕立てた。神事の後に死者の出るケースもあり、尾張藩は禁止令を出したこともある。いま〝神男〟は志願制になっている。

「名古屋弁は『あゃー』ばっか《ばかり》だわ。英語でキャットやキャップはすぐ言えた」

「キャベツもすぐ発音できた。おかげであゃーちけん《愛知県》はその生産量、日本一※」

「そーいや《そう言えば》キャベジンコーワも名古屋だわなあ」
●名古屋ではハエと言わずヒャー。「ブンブ」「ブウブ」とも言う。

ブウブ

いかにもうるさい「ヒャーブンブ」

「ハエ」のことを「ブウブ」と言う。「ブウブ」は「ブンブ」と言うこともあり、特に海部郡では「ヒャーブンブ」と呼んでいる。「ブウブ」も「ブンブ」も飛ぶ音「ブンブン」から来た擬音語で、犬の鳴き声の「ワンワン」や緩慢な動作を「だらだら」と言ったりするように、こうした擬音や擬態を重ねる表現は「オノマトペ」と言われている。

小川の水は「さらさら」流れ、風は「そよそよ」吹いていた。夜空には星が「きらきら」輝いていた——こう書くと情感あふれた表現になるが、日本語には「オノマトペ」がとりわけ多く、外国の人にとっては理解するのがなかなか難しいらしい。

名古屋人は「ハエ」とは言わず「ハイ」と言う。「ハエ」と言う人は来名してまだ間もない人か、名古屋弁が大嫌いという人くらい。山田秋衛著『随筆名古屋言葉辞典』は「ブーブ」の項で「名古屋地方では総ての人がハイと呼んでハエというものがない」とまできっ

【愛知の日本一】

キャベツは江戸時代にオランダ人によって長崎へ持ち込まれたのに始まる。いまは渥美半島を抱える愛知県がその出荷量日本一を誇っている。愛知県は農業県でも漁業県でもあり、日本一のものは数知れず。ワタリガニにギンナン・イチジク……ときりがなく、加えて交通事故も日本一？

ぱりと言い切っている。

「ひゃー《もう》ヒャー《ハエ》が出てきたがや《出てきましたよ》。　ぶんぶんぶんぶん飛び回って、うるさてかん《うるさくていけない》」

「ハエ」は五月ごろに出てくる。だから「うるさい」は漢字で書くと「五月蝿い《うるさ》」となる。いまは少なくなってきたが、昔はわがもの顔で飛び回っていたものだ。

　同書が書いていたように、名古屋の人は「ハイ」とはっきり発音せず「ヒャー」と言う。「ハイ (hai)」の「ai」は英語の「æ:」となる。これは「ハイ」に限ったことではなく、か行さ行以下「ai」と続く言葉すべてがこれに充てはまる。

「お住まいは?」と尋ねられると

「あゃーちけんとーきゃーし《愛知県東海市》」となる。「あ・い・ち・け・ん・と・う・か・い・し」とははっきり言わないので、よそから来た人の多くは「名古屋弁は聞き取りにくい」と嘆いたりもする。「ai」にはすべからくこの法則が適用され、「懐中電灯」は「きゃーちゅーでんとう」となり、「次に町内会長のご挨拶があります」は「つぎにちょーなゃーきゃーちょーのご

あゃーさつがあります」になってしまう。

「a」「i」と母音が二つ重なる「連母音」が出てくると、名古屋人は瞬時に「あゃー」と変換してしまう名人ぞろいだ。口をパクパク動かさない、一種の省エネ話法とも言える。

これは日本語だけに限らない。タバコの「ハイライト」や「マイルドセブン」も「ヒャーリャート」「ミャールドセブン」になる。こんな土地柄だから初めて英語を学んだとき、あなたもすぐにcatやcapを正しく発音できたのではないか。

標準語の「ハエ」は名古屋では「ハイ」になると書いたが、「ハエ(hae)」の「ae」も母音が重なる「連母音」だ。名古屋弁ではこれも「æ:」になるケースが多く、「ハエ」が「ハイ」になった理由もここにある。しかし、「ai」がすべてにわたってなったのとは違い、こちらはなるのとならないのとがあるから難しい。

「おまえ(omae)」は「おみゃー」になり、「当たり前」は「あたりみゃー」となる。しかし、同じ「ae」が来ても「駅前」や「入れ替え」「前田さん」は「えきみゃー」「いれきゃー」「まゃーださん」とはならない。この判断が難しいところだが、まっとうな名古屋人には何でもないことだ。

ちなみに「今井さん」は「ai」だから「いみゃーさん」になる。赴任してきた今井さんは「いみゃーさん」と言われても、当初は自分のことだと思えなかったとか。ゲーテも同様なことがあったらしく※「ギョーテとはオレのことかとゲーテ言い」と言ったとか言わなかったとか。


【ギョーテ】

この「ギョーテとは……」は小説家で評論家でもあった斎藤緑雨が作った川柳とされている。今井部長の下で働くことになった転勤者は当初「今井さん」が部長のこととは分からず、また「おみゃーさん」と言われて「お宮さん」がどこかにあるのかと思ったそうだ。

かつてタモリが「名古屋の人たちはみゃーみゃー、みゃーみゃー言っている」とからかったことがある。これには多くの人が怒ったが、確かに言われてみればその通りだ。われわれにはあまりにもあたりみゃー《あたり前》過ぎて、気が付かなかっただけのことだった。

「おみゃーさん《お前さん》はおとこみゃー《男前》だで《なので》けなりぃー《うらやましい》わ。おれみてゃー《みたい》自信がにゃーで《ないので》、でゃーぶ《だいぶ》損してきたがや《ですよ》」

いやいや、男は顔ではない。かっこいい生き方こそがポイントになってくる。イケメンが災いして、ふしだらな人生を送った人もいっぱいいる。

同じ「ハエ」でもいかにも五月蝿《うるさ》そうな「ヒャーブンブ」は面白い表現である。「ブウブ」「ブンブ」は「ハエ」だけではなく他の虫に使われることもある。「カンス《蚊》」を指して「ブウブが出てきた。食われる《刺される》とかんで《いかんので》殺したりゃー《殺してやりなさい》」と言ったりもする。

子供のころ、「カメムシ」のことを「へーコキブウブ《屁をひったように臭い虫》」と言っていた。触ると鼻が曲がりそうな、ひどい悪臭を周りに放った。「カナブン」は「ゼンマイ」と言っていたが、そのメスも「へーコキブウブ」と言ってバカにしていた。

筆者は現在の岩倉市で育ったが、名古屋出身の荒川惣兵衛氏は五千語を収録した『ナゴヤベンじてん』の中で、「ゼンマイ」を「くそこきブンブより少し大きくてうつくしい昆虫。こがね虫」と書いておられる。しかし、「くそこきブンブ」の項目はなく、「へーコキムシ」には「へこきむし」とあるだけで、どんな虫なのかの説明がない。コガネムシとカナブンは似てはいるけど違う虫だと思うが、皆さんのところではどんな状況だったのか。

第三章　ひと

人さまざま、だから面白い

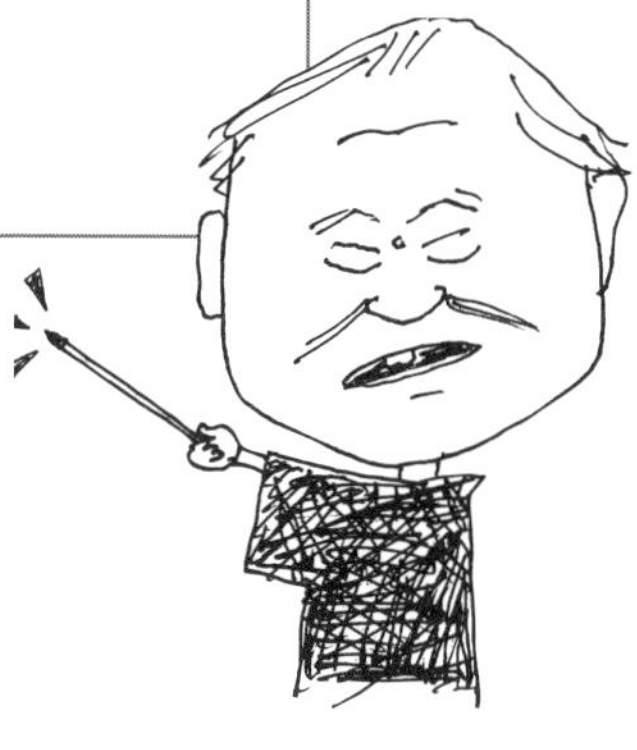

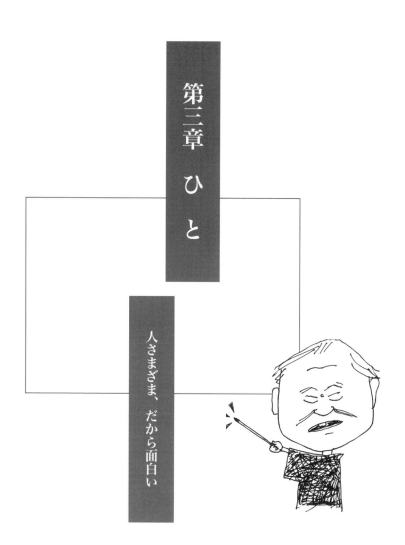

「まー《もう》年取ってまったで《しまったので》、なんにもやれん」
「なに言っとりゃーす《何を言っておいでですか》。まんだ《まだ》七十だにゃーか《ではないですか》。これからだがね《ですよ》」
「肩や膝がいたてかん《痛くていけません》。目も悪なったし、頭も悪なってまって《しまって》……」
●やがて平均寿命百年の時代がやってくる。「はたちばばさ」の時代があったというのに。

はたちばばさ

二十歳で「ばばさ」なら七十歳は？

「女性がたくさん入っている理事会は時間がかかる」

こう言ってしまったのは東京五輪・パラリンピック組織委員会の委員長、森喜朗《よしろう》元首相。「女性蔑視だ」「ジェンダー平等の風潮に反する」などと総スカン※を食い、その座を辞職せざるを得なくなった。ただでさえ新型コロナで危ぶまれているというのに、とんだ騒動を引き起こしてしまったものだ。

その森氏が今度はある議員のパーティーで議員のベテラン秘書を指し、「女性というにはあまりにもお年」と言ってしまった。別に悪意はなかっただろうが、立て続けの放言にマスコミは見逃さなかった。早速、「あまりにもお年」を皮肉って「森さんこそ　女性秘書」とあったのには笑ってしまったが、トップに立つ人は常に注目されていることを意識していなくてはいけない。

【総スカン】
「すべて」＋「好かん」で、周囲のみんなから嫌われること。関西弁から来ている。「総スカンを食う」「総スカンにあう」「総スカンにされる」などと用いる。スカンは片仮名で書かれる場合が多い。

【ものよみすけべ】

「はたちばばさ」に似たような名古屋弁に「ものよみすけべ」というのもあった。本を読むのを嘲笑した言葉で、読書は女性に対する「すけべ」と同一視されていた。働き者で実利的だった名古屋ならではの言葉と言えようか。

昭和生まれの戦前派にはいまだ男尊女卑の思想がこびりついている。これにはたえず気を付けていたとしても、時としてついうっかり口から出てしまう。方言を隠そうとしている人が怒ったり、とっさの場合に思わず言ってしまうのと同じようなものだ。

方言には歴史があり、差別用語も結構ある。そんな一つが今回取り上げる「はたちばばさ」※だ。いまは死語になって聞くこともないが、名古屋弁を紹介する辞書にはこれが載っている。

荒川惣兵衛編『ナゴヤベンじてん』は「女の婚期のはやかった時代には、20の娘をオールドミスとして、かく称した」とある。二十で「オールド」とか「ばばさ」にされたのではかなわない。

山田秋衛編『随筆名古屋弁辞典』はもっと詳しく解説している。「女の婚期の早かった明治時代までは、娘が二十過ぎても良縁がなく、生家にいるのをハタチババサといった。十六～十八才の娘盛りが嫁入り盛りでもあったが、今日からすれば女の二十《はたち》才婆さは気の毒であった」。

「気の毒」も名古屋人にはぴったりの言葉だ。この一言で発言した人のやさしさや思いやりまでが伝わってくる。別に名古屋弁というわけではないが、日常生活でこれが上手に使われている。

「あのよう、しっとりゃーすか《知っておられますか》。昭さ《昭一さん》がこにゃーだ《この間》のーならっせたげな《亡くなられたそうです》」

「あれま、なぎゃー《長い》こと入院しとらっせた《しておられた》とは聞いとったけど……。ほーかね《そうですか》、それは気の毒に……」
「気の毒」一つで心から同情しているという様子が伝わってくる。名古屋は大都市でありながら、田舎のように人間関係が濃密だ。これがときにはわずらわしく思えることもあるが、都会と田舎が同居していてこんな暮らしやすいところもない。

話が横へそれてしまった。本題は「はたちばばさ」だった。いつの時代も親として、娘の先行きは気になるもの。早く嫁がせるのもさびしいし、かといって、いつまでもおられたのでは心配になってくる。

それにいまは一※人っ子が多い。ましてや女の子だけとなれば、結婚も手放しには喜べない。できることならいつまでも側にいてもらいたい。

「あそこの娘さん、別れさっせて《られて》、いまうちへきゃーてきとりゃーす《帰ってきておられる》らしいぜ」
「たしか子供さん、あれせなんだかね」
「そーだがね。二つになる男の子が一人」

【一人っ子】
養育費は一人分しか出せない、一人にしてゆとりある生活を送りたい、一人に絞っていい教育をさせたいなど、子供は一人で十分とする人も多い。それに加えてこのごろは独身者の増加で、少子化にいよいよ拍車をかけている。

「そんなえー《いい》ことにゃーがね《ないですよ》。帰ってりゃーて、後継ぎまでできて」

こうなるとバンザイしたくなる？　めでたいことではないが、うれしくてやはりめでたい。何が何だか訳が分からない。

名古屋弁に「はたちばばさ」はあったが、「三十じじさ」とか「四十じじさ」といったのはなかった。こんなところにも男尊女卑の考え方が潜んでいたわけか。男女平等のいまは「はたちばばさ」が消え、いい時代になったものである。

先日、電車に乗っていたら、女子高校生たちが話し合っていた。聞くともなしに聞いていると、部活が話題になっているようだった。新入部員を迎え入れ、上下でひともんちゃくあったらしい。

「もうついていけないわ。やることも考えてることも」

「めっちゃむかついたわ。高校へ入ったのに、まだ中学生みたいで」

「いまはそーいう時代よ」

「そうそう、だって私たち、もうばばあなのよ」

もうあり得ないと思っていた「はたちばはさ」が場面を変えてこんなところでよみがえっていた。二十どころか、十八でばばさか。それでは六十、七十の人はどうなってまう《しまう》の、生きた化石？　シーラカンス？

「てゃーぎゃー《いい加減》にして《にして》かなかん《下さいよ》。バカにしとるか《しているのか》」
「なに怒っとる《怒っている》の？　もっさゃー《野暮な》格好しとる《している》と言われたって？」
「おみゃー《お前》に言われたにゃーわ《言われたくないよ》、と言ったりてゃーわ《言ってやりたいですよ》。プンプン」
●まずはちんちこちんの頭を冷やして、言われた「もさい」について考えてみたい。

もさい

格好つけるのは疲れる、自然体のモサイ族

若い人は使わないどころか、この言葉を知らないか。促音「っ」を付けて「もっさい」とも言う。「も」がなまって「ぼさい」「ぼっさい」になり、さらには強調の「こい」を付けて「もっさらこい」「ぼっさらこい」と言う人もいる。

「お呼ばれだというのに、えりゃー《大変》ぼっさゃー格好で来たなあ」

「いかんかった《だめでしたか》？　友達のことだでえーか《よいか》と思ったけど、これではちょっともっさゃーきやあ《ですか》」

「まあ、しょーがにゃー《しかたがない》わ。この人は何を着てももっさい格好になってまうで《しまうので》。そーいや《そう言えば》車ももっさゃーなあ」

そこまで言うかと言いたくもなってくる。他人の目には相当「もさい」と映ったのか。年寄りの間で「もさい」はいまもかなり頻繁に使われている。

この「もさい」は「むさい」がなまったもので、「野暮ったい」「上品でない」「センスが悪い」などの意。「むさい」を辞書で引くと「いやしい」とか「汚らしい」「むさ苦しい」とある。

「うちだと思って、ひげ剃らずにおってかんよ《いてはいけませんよ》。もっさゃー顔を見せられるのは私なんだで《ですから》」

「いちいちやるのはめんどくさゃー《※面倒臭い》は。休みの日ぐりゃーかねしてちょー《くらい許してください》」

女房に叱られてしまった。「もさい」と言われたら、かなり嫌われている証拠。文字にすればたったの三字だが、だらしなくて汚らしい、汚れていて不潔だ、ときついお叱りの言葉になる。

若者たちはこうした「もさい」状態を何と言っているのか。つらつら考えてみると「ださい」がこれにあてはまるのではないか。先ほどの会話では「えりゃーだっさゃー格好で来たなあ」となる。

以前、名古屋と同様に埼玉県が「だ埼玉」とからかわれた。埼玉

【面倒臭い】

「くさい」は接尾語で、上にくるのを強調する。「うそくさい」「てれくさい」「先生くさい」（と言われると、本当の先生ではないことになる）。名古屋弁の「とろくさい」はトロが腐って臭いわけではなく、「とろい（ばからしい）」に「くさい」が付いたもの。

県民はどこか野暮ったい、あかぬけしていないと非難され、東京とは違う、観光地や名物がない、海がないなどといろいろ言われた。近年では「翔んで埼玉」※という漫画や映画までが作られており、かつては名古屋もからかわれてきただけに同情を禁じ得ない。

名古屋弁の「もさい」は「むさい」がなまったと書いたが、それでは「むさい」はどこから来ているのか。これは「武者」がもとになったのではないかと考えられる。都の人から見ると当初の武士は汚らしい格好をしており、その「武者」に形容詞化する「い」を付けて「むさい」という言葉が生まれてきた。

武士が汚い格好だったのは致し方ない。武術に励めば汗くさくなるし、衣服も汚れたり破れたりする。それればかりか普段は農作業にいそしみ、懸命に働かなくてはならなかった。兵農分離が進んで遊んでおられるようになるのは江戸時代に入ってからのことである。

もう一方の「ださい」にしても、同じような形で誕生している。田舎者は格好が悪いとしいたげられ、「田舎」をばかにして「たしゃ」と音読みし、これに「い」を付けて形容詞化した。おそらく若者たちの間から生まれてきたのではないか。

言葉はどんどん変化するし、人も替われば言葉も変わる。「もさい」は捨てられ、いまは「ださい」が主流だ。このごろは意味を変えて若者たちは「ださかっこいい」と言ったりもしている。

少し前、DA PUMPの「U.S.A」がよくはやった。この曲を聴かなかった日はなかったと言ってもいいほど。ジャケットもダンスもなにもかもが「ださかっこいい」と評判にな

【翔んで埼玉】
魔夜峰央《まやみねお》の漫画。「埼玉県人には草でも食わせておけ」など、埼玉県在住の著者が埼玉県をおちょくった自虐的漫画で人気を呼んだ。映画やDVDなどにもなり、2022年には映画の続編が予定されている。

り、ここでは「ださい」がいい方の意味で使われてしまっている。

若い人は新語を作るのがうまいし速い。最近耳にしたのは「ぶちゃかわいい」。これはぶちゃむくれ＋かわいい？それとも不細工＋かわいい？いいのと悪いのとを結び付けるなんて、われわれジジイには理解に苦しむ。以前には「大人かわいい」とか「エロかわいい」というのもあった。

この手で行くなら「もさい」にも「かわいい」を付けてほしい。「じーちゃん、無精ひげ、もさかわいい」。「もさい格好」で切るのではなく「もさかっこいい」とはっきり「いい」を付けていい表現として使いたい。この考え、いい？《いいですか》いかんかった？《だめですか》

そーいや《そう言えば》、このごろDA PUMPの曲を聴かない。あの人んたー《あの人たち》はいまどーしとらっせるかしゃん《どうしておられるですかね》。

《名古屋弁のある風景》

名古屋弁あふれる日泰寺の縁日

この寺はお釈迦様のお骨「御真骨」（仏舎利）を頂いた、わが国唯一の超宗派寺院。広い境内には八十八ヵ所の札所があり、簡単・手軽に霊場めぐりもできる。毎月二十一日が弘法様の縁日で、多くの人たちでにぎわう。

この日はお年寄りの参拝者が驚くほど多く、至る所で名古屋弁を聞くことになる。そんな雑踏を避けるかのように、札所前でくつろぐ人もいる。ここでは仲間内で、落ちついて雑談していたりするから、よけいである。

「とー《東》ざゃあ《西》に分けると、名古屋弁はどっちになるきゃあ《のですか》」

「西側、かんさゃー《関西》だね。大阪弁はどえらけにゃー《ものすごく》元気で、どんどんはびこってくる」

「そーいや《そう言えば》、ラジオなんかのＤＪも大阪の人ばっかだがね《ばかりです》」
●えらい※がなまって「えろう」。「えろ」と略す人も「えろう」いる。

えろう

急に年寄りくさくなる名古屋弁

「今日は人がえろーぎょー《非常に多く》さん集まっとるな。なんぞあるきゃー《何かあるんですか》」

「ちょっと会わなんだ《会わなかった》うちに、えろー《大変》大きなりゃーた《なられました》ねえ。いまいくつになりゃーた《なりました》」

「医者へ行ったら、えろう待たされてまって《しまって》。この忙しいときに」

「えろう」は「大変」とか「大層」「甚だしく」を意味する名古屋弁。「えらい」がなまってできたものだ。「えらい」は漢字で書けば「偉い」だが、名古屋で「えらい」と言われても「立派」だとか「偉大」とかの意味ではまずない。

冒頭に挙げた「えろう」はいずれも「えらい」に置き換えることができる。「今日は人がえりゃーぎょーさん集まっとるな」「えりゃー大きなりゃーたねえ」「えりゃー待たされてまって」。「えらい」でも「えろう」でも意味に大した変わりはない。

ここ名古屋では「えらい」が大活躍である。「えらい」に強調の「ど」を付けて「どえ

【えらい】 東京の人が名古屋駅でタクシーに乗ったところ、運転手さんから「えらそうですね」と言われたと。威張っているように見られているのかと思い、肩肘を張らないようにし、ニコニコしていたと。簡単なものでもよその人には分からないのが方言だ。

りゃー」となり、さらに発音に力を入れると「でえりゃー」となる。「えりゃー」「どえりゃー」「でえりゃー」は英語の原級・比較級・最上級、「great」「greater」「greatest」のようなものだ。

近年はこれにもう一つ上ができた。「でえりゃー」にさらに力を入れて発音すると「でら」に略されてしまう。「でえりゃーうみゃー《ものすごくうまい》」は「でらうま」、「でえりゃーやすぃー《安い》」は「でらやす」などとなり、この「でら」もよく使われだした。

かくして「えらい」は名

舟橋武志の読書日記

「名古屋」を知ること

愛知県は工業出荷額で日本一、県民所得も東京に次いで第2位の座にある。名古屋市は大都市でありながら住む家は広く、公園や道路もよく整備されている。それなのに外部から見る目は厳しく、都市別の魅力度ランキングなどでは下位の方になる。

このギャップは一体、なんなのか。本当の姿はどうなっているのか。こんな疑問に応えてくれるのが今春に出た『名古屋のトリセツ』（日本経済新聞社・編、日本経済新聞出版社・刊）である。

新聞の連載を単行本化したもので「名古屋めし」「学校事情」「ものづくり王国」「名古屋の経済力」「名古屋とばし」その他をテーマに、経済や産業、暮らしなどを分析している。これには同紙らしくデータを重視し、説得力にも富む。繰り広げられる現象の背景には、勤勉で質素倹約、自己主張べたなどといった県民性がちらつく。

名古屋を考える時、お薦めしたいもう一冊が『ナゴヤ全書』（中日新聞「この国のみそ」取材班・編著、中日新聞社・刊）だ。2006年刊と少々古いが、今でも読み応えは十分。前著以上の長期連載「この国のみそ」から生まれたもので、地元紙であるだけに似たようなテーマを扱いながらも深掘りしている。

名古屋は日本の真ん中にある都「中京」だ。関東、関西のいいとこ取りができる土地柄だが、東西からの股裂きに遭う危険性もある。そんな微妙な位置にある名古屋および名古屋人を研究することは、日本ひいては日本人について学ぶことにもなる。

戦国期、織田信長、豊臣秀吉、徳川家康の天下人を出した。3人は人材派遣会社の社長のようなもので、能力ある武将らを日本各地に送り込んだ。江戸時代、さらには今の日本は名古屋人がつくったと言ったら、大げさになるか。

（ブックショップマイタウン店主・舟橋武志）

日本農業新聞

"えろう"ぎょうさんの感染者…
コイツら"とえらけにゃあ"腹立つわ!!

古屋弁の花形役者の一人となったが、ここで取り上げた「えろう」は重要単語の一つではあっても、「えらい」にはとてもかなわない。いまは主に年配者の間で使われているだけだからだ。筆者もいい年になったが「えらい」を使って生きてきて、「えろう」が口から出ることはまずない。

「えろう」は変化でも「えらい」にとても及ばない。これはせいぜい「う」が取れて「えろ」になり、「今日はえろ暑かった」「ねえちゃん、えろきれーだにゃーか《きれいではないですか》」などと用いられるくらい。こんなわけだから古老の名古屋人が「えろ」と言っても、スケベな「エロ」とは関係がなかったりもする。

このように言葉の末尾にある「う」が消えることはよくあり、「う抜け現象」とか「う飲み現象」と言える。「目測」「目分量」を意味する「めそう《目相》」は「めっそ」に、「行こう」は「行こ」に、「ラッキョウ」は「ラッキョ」となる。「う抜け現象」「う飲み現象」は筆者がえーころ《いい加減》加減に命名したものだが、『名古屋方言の研究』の中で著者の芥子川律治氏はこれを「ウ音便の短呼現象」と表現されている。やっぱり学者は「えらい《偉い》」。

「えろう熱心にやってござった《やっておられた》割には、てゃーした《大した》ものができとれせんがや《できておりませんよ》」

【ござる】「いる」「ある」「来る」などを意味する尊敬語・丁寧語。十四ページ参照。

要領が悪かったり技術が身に付いていないと、こうしたボロを出しやすい。こんなことでは陰で「へたくそ」とか「ぶきっちょ」などと言われかねない。いま出た「ござった」は「おられる」とか「いらっしゃる」という意味の尊敬語だが、こんなふうに使われるとむしろばかにされているにも等しい。

ついでながら「ござる※」は「御座在る」のつづまったものだ。もともとは武士がよく使っていた言葉だが、名古屋ではこれが庶民にまで普及した。名古屋弁というよりも共通語と見た方がいいが、名古屋人はいまもこれが大好きである。

この「えろう」には「つらい」とか「苦しい」「疲れる」の意味もある。これも「えらい」とまったく同様だ。同じではあっても「えろう」は若い人はやはり使っていない。

「このごろ体がえろてもたんわ《疲れてたまりません》。季節の変わり目はなんだしゃん《何だか知らないが》いつもおかしなってまう《おかしくなってしまいます》」

「坂道だでえろにゃーか《苦しくないですか》。荷物一つ、持ったろか《持ってあげましょうか》」

こちらの方ではよけいに「う抜け」「う飲み」が起きやすい。「えろう」には先に紹介した用法が多いが、こうした意味での用いられ方もある。しかし、「えろう」を使うと、急に年寄りくさくなることに、変わりはない。

「えろう」も「えらい」も、もともとは関西で使われていた言葉だ。それが伝わってきて名古屋弁化した。「苦しい」とか「疲れる」意味の「えろう」「えらい」はいまなら向こうの「しんどい」に相当するが、これは「心労」に「い」が付いて形容詞化したものとされている。

「お米のこと、英語でどー《どう》言うのって？　そんなもん《もの》リャースだがね《ですよ》」
「ブー、ライスだわ。カレーライス、ハヤシライス」
「なに言っとりゃーす《言っておられますか》。ライスがリャースだがね《ですよ》。おみゃー《お前》さん、どこの人？」
●これも立派な名古屋弁「ひーくれはらへれ」。腹が減ったらリャースです。

ひーくれはらへれ

参ってしまう「その日暮らし」の日々

新型コロナウイルスが登場して、いまに一年半以上になる。社会や経済、生活がコロッと変わってしまった。まさかこんな時代が来るとは想像すらしていなかった。

家に閉じこもることがめっきり多くなり、テレビなどの報ずるニュースは暗い話ばかりだ。しかも、これは簡単には治まりそうにない。

「家ではやることがにゃーで《ないので》、ひーくれはらへれなみゃーにちだわ《毎日ですよ》」

友人の状況を確かめようと電話をかけたら、久しく聞かなかった「ひーくれはらへれ」が出てきた。いまでは滅多に使われない、きわめてレアな名古屋弁だ。方言はなくなるように見えて、その実、ウイルスみたいに生き続け、いざというときに出てくる。

「ひーくれはらへれ」は漢字で書けば「日暮れ腹減れ」だ。なぜか「へり」ではなく「へれ」で止める。日が暮れて腹が減ってきたのでは困ったことになる。

【ナゴヤベンじてん】
荒川氏が非売品として昭和四十七年（一九七二）に自費出版された。平成十四年（二〇〇二）に復刻出版させてもらったが、小社としてはめずらしくよく売れた。しかし、それもいまはない（絶版）。

荒川惣兵衛著『ナゴヤベンじてん』※はこの言葉を拾っている。さすが五千語を収録した辞書だけのことはある。それには「しごとをしないで、あそんでいても、日さえたてばよいというばあいにもちいられる語」とある。

荒川さんは片仮名、平仮名を好んだ人だった。この本の著者名も本当は「あらかわそおべえ」とある。名著とされる『角川外来語辞典』を編纂し終えた後、郷土に残したのがこの本だった。

「ひーくれはらへれ」はあまり誉められた状況ではない。何もしないで一日をボーッと過ごすようなふしだらな生活。ダラダラしていて一日が終わってしまう日々。一日や二日程度なら息抜きにもなっていいが、それが毎日続いてしまったのではかなわない。

「こんなみゃーにち《毎日》だと、どもならんわ。家でできることはすくにゃー《少ない》。これで今日も一日が終わってまう《しまう》がね」

友人は名古屋近くの町に住み、地元の工場へ勤めている。方言がその口からポンポン飛び出し、こちらが教えられることも多い。いま出た「どもならん」というのも、いかにも名古屋弁らしくていい。

言うまでもなく「どもならん」は「どうにもならない」を略したものだ。「ど」にアクセントを付け、これを言われると、もうお手上げだという感じが出てくる。嘆いたり拒否したりするとき、これを使うと効果的だ。

友人は重い口調で「ひーくれはらへれ」の日々を嘆いた。こちらは思いがけずも、いい名古屋弁を発掘できたと思った。それを使って励ましのエールを贈ってあげた。

「こっち《こちら》もひーくれはらへれだけど、こーいう《こういう》時間があるときこそ、何かやらなかんなあ《やらなくてはいけない》。なんぞええ《よい》こと、考えよみゃあ《ましょう》」

「そうだよなあ。いまんとこ《いまのところ》給料はもらえるもんで《ので》どうぞこうぞ生きとれるけど、これから先のことを考えると不安で」

「ひーくれはらへれ」はダラダラ過ごしてしまう様子を言ったが、これに似た言葉に怠けることを意味する「※なまかわ」がある。ブラブラしていてろくに仕事をしようとしない人は「なまかわもん《者》」とされ、「なまかわ者の節句働き」という皮肉った諺まである。

この「なまかわ」には「生皮」が当てられているが、洗濯物などの「生乾き」の「き」が脱落したものと見た方がいいのではないか。使いもの

【なまかわ】
怠惰を戒める名古屋弁には「なまかわ」のほか「小田井人足」「浮いたかひょうたん」「あんきすけ」などがある。名古屋人が勤勉なのも、こうした多彩な言葉を使って育て上げられてきたからか。

にならない生の皮がそんなに身近にあるわけではない。

彼が口にした「どうぞこうぞ」も、考えてみれば面白い言葉だ。「どうにかこうにか」「やっとのことで」の意の名古屋弁で、「どうぞこうぞやっとるわ《やってぃる》」「どうぞこうぞできた」などと言ったりする。これは「どう」「こう」に「ここぞ」「だれぞ」「なんぞ」など強調の「ぞ」が付いたものである。

「よー、元気か。調子、どう?」と声を掛ければ「どうぞこうぞやっとるわ」の言葉が返ってくる。こういうときに用いられる「どうぞこうぞ」は結構いい状態であることをうかがわせる。大阪弁の「もうかってまっか」に対する「ぼちぼちでんなあ」と言うのにも似ている。

先の見えない、こんな「どうもらん」ときもない。いまはだれもが「ひーくれはらへれ」や「なまかわ」から脱出し、「どうぞこうぞ」生きていく道を見つけ出す必要がある。朝が来ない夜はない。まあちょっとの辛抱だでよう《ですからね》。

「モリ《森友学園》・カケ《加計学園》もんでゃー《問題》も学術会議もんだゃー、もやもやのまんま《まま》」

「昔からゆう《言う》なあ。くさゃー《臭い》ものにはふたをしよ《せよ》と」

「ふたを取れ、といいてゃー《言いたい》わ。国民はまっと《もっと》怒らなかん《怒らないといけません》」
●汚いものは悪臭を放つ。いやだ、いやだ。「やに※こい」奴が多すぎる。

やにこい

言われたくない「やにこい奴だ」

名古屋弁について書いたり話したりしていると、関心のある人からしばしば質問を受けることがある。そうしたものの中には知らずにいるものもないわけではない。ここで取り上げる「やにこい」も、分かるような分からぬような、なんともあやふやな言葉だった。

「先日、椎名誠の『すっぽんの首』という本を読んでいました。その中に糞便を処理する方法で、国によっては手で処理するところもあるらしいというのです。自分のウンコを自分の手で洗うことで、自分の糞便の付着した手などあとで洗ってしまえばどうということもないのである。先進国の目下の（紙で処理する）やり方に素朴な疑問を感じる。本質的な不浄汚濁のやばさを感じる。どうもあれは一番『きたない』ようだぞ。福岡弁でいうと『いらめしい』、名古屋弁では『どえりゃーやにこい』のである——。こんなことが書いてありました。地元にいながら『やにこい』は聞いたことがありませ

【やにこい】

「やにこい」はかなり多様な意味で使われているらしく、あいまいではあるがそれで分かり合えている言葉とも言えるか。関西地方が主流で、名古屋でも用いられている。

ん。おせぇーてまえんか《教えてもらえませんか》ね」（メールで）

椎名誠氏もまたえらい言葉を採取してくれたものだ。調べてみたところ、確かに使われていた。山田秋衛著『随筆名古屋弁辞典』を見ると、次のように紹介されている。

「煙草の脂《やに》から出た言葉かと思われるが、むしろヤワコイの転訛《てんか》か。ヤニコイは勇気のない、もろいことの形容で手強いの反対の意である。職人言葉。例「留公はゆんべ新地でヒヤカシにいいがかられたら、すぐにカネカネといって逃げてしまったがや。ヤニコイ奴といったら見とれんがや」

ちょっと注釈しておくと、この「カネ」はお金のことではない。「カネ」は謝るときなどに使う名古屋弁で「許すこと」の意味。悪いことをしたときなどは素直に「カネしてちょー《下さい》」と謝れば、相手から受ける被害も多少は少なくなるはずである。

また、荒川惣兵衛編『ナゴヤベンじてん』もこれを取り上げていた。「①あかじみてきたない。②勇気のない、もろい」。そして用例とし「ヤニコイヤツだ」を挙げている。

ある老人会に出席した折、みんなに聞いてみた。こうした場へ来ると、筆者などはまだ若い方だ。さすがは亀の甲より年の功、結構、いろいろな意見が出てきた。

「わしらー《私たち》が使っとるのは『汚い』という意味だわなも。おでんの味噌を口の周りに付けている孫に『こーも付からきゃーてまって《こんなに付けてしまって》やにけーがね。こっちへいりゃー《来なさい》、ふぃーたゃーますで《ふいてあげますので》』というふうに」

「言う言う。『やにけー奴』とか『やにけー顔』とか。みんな知らずによー言っ《よく言っ》

とらっせる《ておられる》がね《ですよ》」
「子供が甘えてぐずぐず言ったりするときに、使われたりすることもありますわなも《ね》。『この子はやにけー子だねえ』みてゃー《みたい》に」
やっぱりかなり使われていた。「汚い」意味が主流のようだが、ぐずったり煮え切らないときにも用いられているようだ。中にはこれから出た「やにくる」というのもあって、「放っておく」の意味で「そんなとろくさゃー《ばかな》こと、やにくっておきゃええがや《おけばいいですよ》」とも言うらしい。

この「やにこい」は「やに」と「こい」に分解でいる。「やに」は「松やに」や「目やに」などの「やに」で、こうしたものは粘着質でしっかり固まっていない。「こい」は「脂っこい」「ねばっこい」などと言うように、ものの性質や状態を表す接尾語である。

「やにこい」のもとは関西で生まれている。それが名古屋に伝わってきた。そして、いまでは辞典にも載り、共通語に仲間入りしている。

『広辞苑』を引くと「やにこい」があり、「①脂気が多い。粘り気が多い。②しつこい。くどい。「—・い男」③よわい。もろい」とある。もともと③の意味だったが、ねばねばした「やに」の状態から②の意味にも使われ出し、一般的には①が主流を占めるようになってきたか。

言葉を生き物だ。方言が共通語にまで出世し、その意味を拡大させてゆくこともある。これとは逆に、共通語だったものが人々の口の端に上らなくなり、知らないうちに消えていくものもある。

《名古屋弁のある風景》

ご存じですか、使っていますか

各地に方言を題材にした手ぬぐいがある。若いころから旅の途中で買い集めたので、各県のものをほぼ一枚は持っている。しかし、当時の名古屋にはまだなかった。

「これではいかん」と作ってしまったのが、この「名古屋弁手ぬぐい」だ。単語を集めた「重要語編」と熟語的に使われる「重要文編」の二枚。「なにぃ、知らんのか」とこの手ぬぐいを手に、孫の先生になれてよかった、というお年寄りもいた。

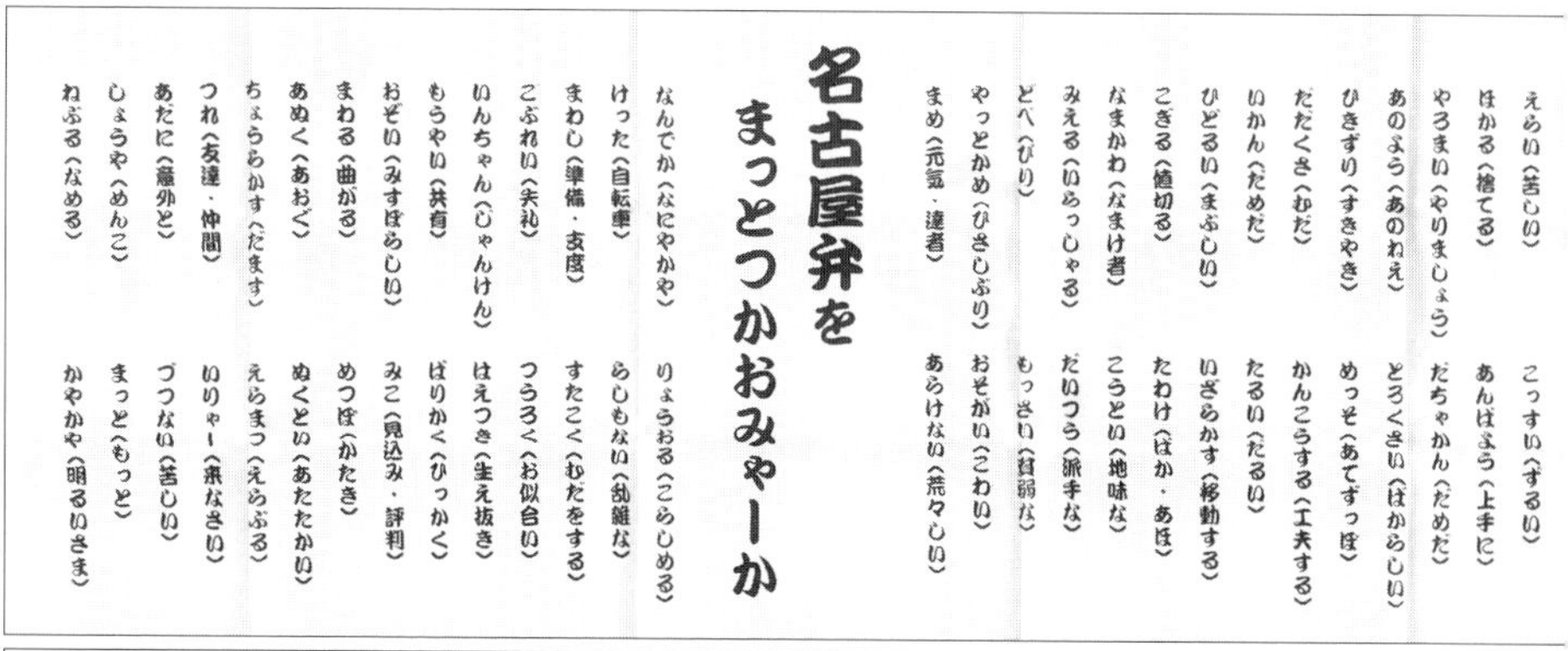
名古屋弁をまっとつかおみゃーか
えらい（苦しい）
ほかる（捨てる）
やろまい（やりましょう）
あのよう（あのねえ）
ひきずり（すきやき）
だだくさ（むだ）
いかん（だめだ）
ひどるい（まぶしい）
こぎる（値切る）
なまかわ（なまけ者）
みえる（いらっしゃる）
どべ（びり）
やっとかめ（ひさしぶり）
まめ（元気・達者）
こっすい（ずるい）
あんばよう（上手に）
だちゃかん（だめだ）
とろくさい（ばからしい）
めっそ（あてずっぽ）
かんこうする（工夫する）
たるい（だるい）
いざらかす（移動する）
たわけ（ばか・あほ）
こうとい（地味な）
だいつう（派手な）
もっさい（貧弱な）
おそがい（こわい）
あらけない（荒々しい）
なんでか（なにやかや）
けった（自転車）
まわし（準備・支度）
こぶれい（失礼）
いんちゃん（じゃんけん）
もらやい（共有）
おぞい（みすぼらしい）
まわる（曲がる）
あぬく（あおぐ）
ちょうらかす（だます）
つれ（友達・仲間）
あだに（意外と）
しょうや（めんこ）
ねぶる（なめる）
りょうおる（こらしめる）
らしもない（乱雑な）
すたこく（むだをする）
つうろく（お似合い）
はえつき（生え抜き）
ばりかく（ひっかく）
みこ（見込み・評判）
めつぼ（かたき）
ぬくとい（あたたかい）
えらまつ（えらぶる）
いりゃー（来なさい）
づつない（苦しい）
まっと（もっと）
かやかや（明るいさま）

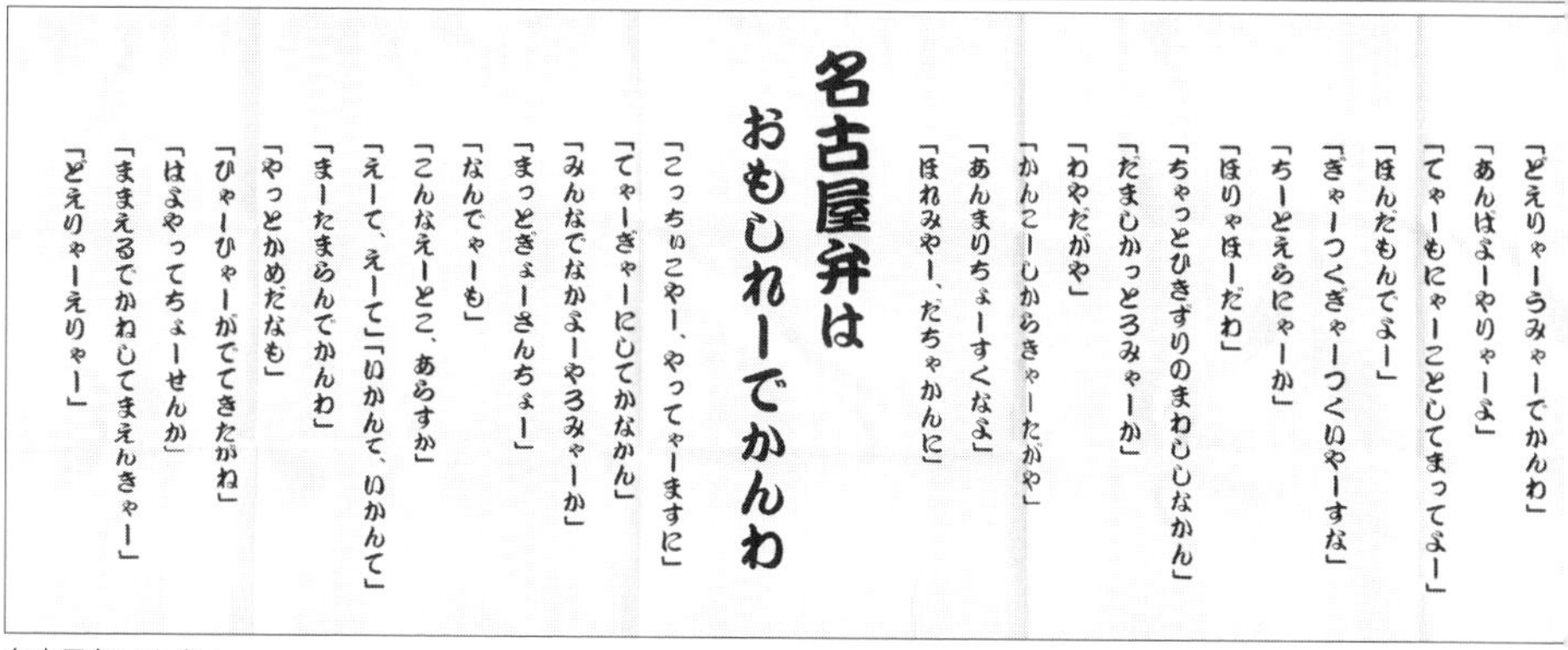
名古屋弁はおもしれーでかんわ
「どえりゃーうみゃーでかんわ」
「あんばよーやりゃーよ」
「てゃーもにゃーことしてまってよー」
「ほんだもんでよー」
「ぎゃーつくぎゃーつくいやーすな」
「ちーとえらにゃーか」
「ほりゃほーだわ」
「ちゃっとひきずりのまわししなかん」
「だましかっとろみゃーか」
「わやだがや」
「かんこーしからきゃーたがや」
「あんまりちょーすくなよ」
「ほれみやー、だちゃかんに」
「こっちぃこやー、やってゃーますに」
「てゃーぎゃーにしてかなかん」
「みんなでなかよーやろみゃーか」
「まっとぎょーさんちょー」
「なんでゃーも」
「こんなえーとこ、あらすか」
「えーて、えーて」「いかんて、いかんて」
「まーたまらんでかんわ」
「やっとかめだなも」
「ひゃーひゃーがでてきたがね」
「はよやってちょーせんか」
「ままえるでかねしてまえんきゃー」
「どえりゃーえりゃー」

名古屋弁てぬぐい

「あそこの居酒屋ははよー《早く》はやっとるなあ。きゃーてん《開店》前からいつも行列ができとる《できている》」

「やすぃー《安い》し、うみゃー《うまい》でなあ。今度いっしょにいこみゃーか《行きましょうか》」

「わし《私》はあんまり《あまり》好かん《好かない》。やかましーでかんわ《のでいやです》」
●酔うにつれ次第に大声になる。店内は混雑も加わって「そうましい」ことに。

そうましい

そうましい顔って、どんな顔？

「ハシが転んでもおかしい年ごろだでなあ。三人もそろや《そろえば》キャーキャー、ワーワーそうましいこっちゃ《ことです》」

「元気なのはえー《よい》が、そーましい奴だなあ。いまでゃーじ《大事》な話しとるで《話をしているので》、ちょっと黙《黙》っとって《っていて》まえんきゃあ《くれませんか》」

「そうましい」は「騒々しい」とか「うるさい」「口やかましい」という意味の名古屋弁。どうしてこういう言葉が生まれてきたかは分からないが、「騒々しい」の「騒」から意味は分かったような気になる。関西や関東にはない。

これが使われているのは愛知、岐阜、静岡、長野の各県。岐阜県では特に東濃地方でよく使われており「やかましい」とか「うるさい」よりも「乱雑にしている」「散らかしている」という意味になる。訪問すると「そーましいことしとる《している》が、まあ、上がってくれんさい《下さい》」

【らんごく】
「らんごく」は「乱国」で、三河によく似合う。戦国時代は尾張や駿河・甲斐から攻め込まれ、江戸時代には十数藩もの藩があった。吉良の仁吉などのヤクザがはびこったのも「乱国」で犯人が他藩に逃げ込むと彼らに頼むくらいしか手がなかったからなのだろう。

などと勧められたりもする。

これがときには人の表情にも向けられることもある。陰で「あの人、そうましい顔しとらっせる《しておられる》」などと言っていたりする。どんな顔って？　正月に遊ぶ福笑いのおかめやおたふくみたいな顔だったりして。

中濃の白川町へ行ったとき、たまたま訪れた取材先で「そうましい」に出合った。確認のため「こっちでも言うんですか」と聞くと「そーやなも《そうですよ》」のこれまた名古屋弁にも似た言葉が返ってきた。美濃の白川とは「なも」言葉でも結ばれていた。

あのときはちょうど桜のシーズンだった。こちらには笹平高原やさかなワクワク公園、水戸野、龍気寺など花の名所があり、あちこちで桜祭りが開催中だった。昼から宴会をやっているグループもあって、桜の花の下は「そうましい」感じだった。

部屋を散らかしていることは名古屋弁では「らしもない」が一般的だ。これが三河になると「らんごく」※になる。岐阜や大垣の人に確かめてみたら「そうましい」を「乱雑という意味では使わない」と言っていたが、東濃や中濃へ行くと「この部屋はそうましい」などと言っている。

先ほど「そうましい」は関西や関東では使わないと書いたが、中国や九州、四国では「そうがましい」という言葉がある。「が」が入っているが「やかましい」意で用いられており、「そうましい」とは同類の言葉と言える。ところによってはこれが「せっかち」とか「そそっかしい」意味で使われたりもするらしい。

名古屋弁の「そうましい」には「騒々しい」とか「うるさい」の他にもう一つの用法がある。「大げさな」とか「誇張した」という意味だ。山田秋衛著『随筆名古屋言葉辞典』がこれをうまく解説しているので引用させてもらおう。

「ソウマシイ　騒々しい、大袈裟、誇張する等。風邪で三十八度の熱があるとか頭が痛いからとて、水嚢《すいのう》をあていろいろ注射を試み、唸って寝るような人を『病いソウマシイ』という。

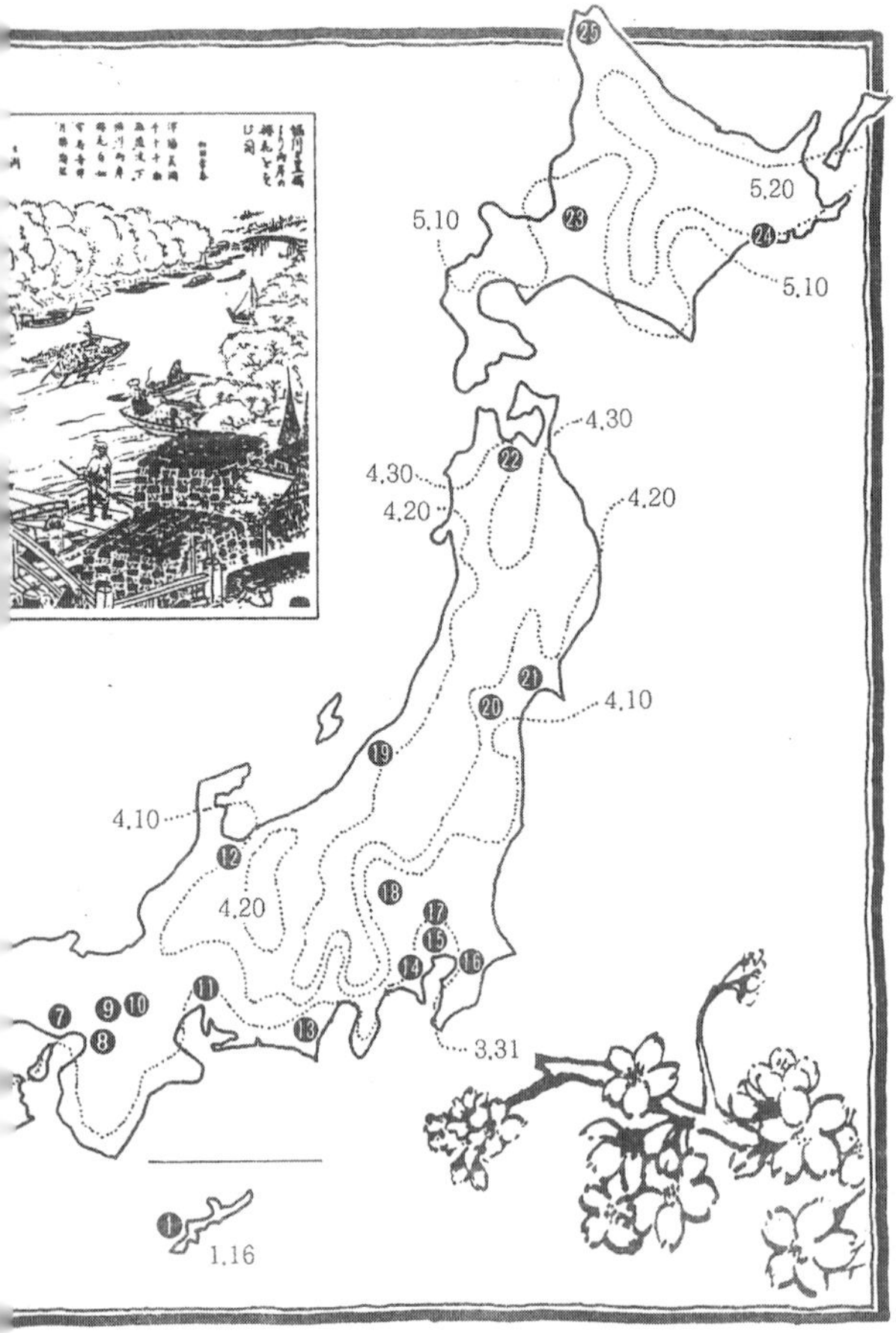

またキャッキャと外からかけこんできた娘に『何とソウマシイことだ。女はもっと静かにせんといかんぎゃあ』等」

子供が学校を休みたいばかりに、頭が痛いと言って起きてこない。お父さんが二日酔いをいいことに、会社へ行くのをやめようとしている。頭の痛いのも二日酔いも大げさなようで、それを理由に休むのはちょっとやりすぎだ。

こんなときこそが「そうまし

い」の出番だ。ふとんを引っぱがしてぴしゃっと言ってやらなくてはいけない。そうでもしないとクセになる。

「てゃーぎゃーにしてきゃあ《ぃい加減にしなおきなさい》よ。黙って聞いとりや《聞いておれば》、そーましい振りばっかしとって《ばかりしてぃて》。そんなことで休んどって、どーしゃあす《どうするの》。はよ起きやあ《早く起きなさい》」

ここまで事態が発展してきたら、もうひたすら演じ続けるしかない。頭が痛いと言った坊ちゃんは頭を抱えて「痛いよー、痛いよー」と泣いて訴え、二日酔いを申告したお父さんはいまにも吐き出しそうな表情をして「オエッ、オエッ」とやらなくては。こうした様子こそが本当の「そうましい」である。

4月1日に採取した
各地の挨拶言葉

（数字は桜の開花日）

1.あちさいびいんやあ〔那覇〕
2.春でごわす、ぬくうなりもした〔鹿児島〕
3.あつうなったのおし〔長崎〕
4.春んごたるばい〔福岡〕
5.春じゃけえ、花見に来てつかあさい〔広島〕
6.春ぞなもし〔松山〕
7.ぬくうなったなあ〔神戸〕
8.春でんなあ、花でも見に行けへんか〔大阪〕
9.ほんまにええ陽気どすなあ〔京都〕
10.ほな花見に行きまひょか〔大津〕
11.ええ陽気だがや、花見に行こまいか〔名古屋〕
12.春んなって来たがやね〔富山〕
13春ずら、桜がさいとるじゃあ〔静岡〕
14.春じゃん〔横浜〕
15.あったけえなあ、花見に行きてえなあ〔東京〕
16.春だっぺなあ〔千葉〕
17.ふんとに春だあな〔浦和〕
18.春めいて来たのお〔前橋〕
19.春らのう、あったがぐなったのう〔新潟〕
20.春が来たねっす〔山形〕
21.春だっちゃねえ〔仙台〕
22.しがまっことけて、春が来たんだべ〔青森〕
23.雪がとけてきたべさ〔札幌〕
24.ちょっこししばれるな〔釧路〕
25.まだちょっとひやっこいや〔稚内〕

堀川はこんなに見事だっ
（「尾張名所図会」

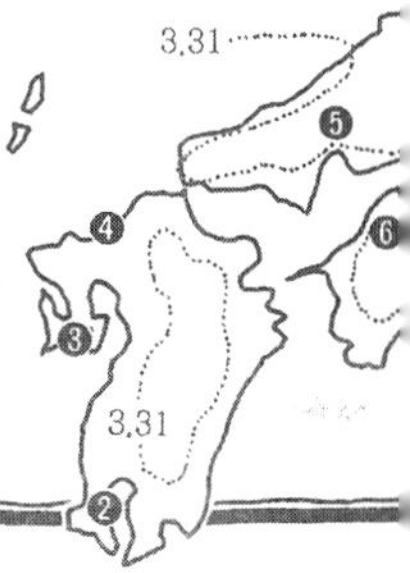

拙著『名古屋弁重要単語熟語集２』より

「スーパーでかごを落とらきゃーてまって《落としてしまって》、わやでしたよ」

「たまに見るよ。そーゆーとこ《ところ》。気をつけな《付けなくては》」

「ほんでも《それでも》ありがたかったわ。みんなが拾ってくだれて《下さって》」
●慌てるやら、恥ずかしいやら。いっぱい入ったかごをみんなの前で「ぶちゃける」とは。

ぶちゃける

けつをまくられたら、もう大変

「きんのう《昨日》の雨はすごかったなあ。バケツの水をぶちゃけたよーに降ったがや《ですよ》。ワイパーを強にしても、追い付けせなんだ」

「おれもよー《ねえ》、往生けーたわ《したわ》。わりぃ《悪い》ーことにエンストしとる車がおって、全然いのけせん《動かない》。じゅーたやー《渋滞》の怒りをぶっちゃけたかったわ」

「ぶちゃける」「ぶっちゃける」は「ひっくり返す」とか「くつがえす」「空にする」などの意。中に入っているものを一度に捨て、その容器を空っぽにする状況だ。前者の容器はバケツであり、後者は怒りで充満した心だった。

この「ぶちゃける」は「ぶち」＋「あける」から来ている。「ぶち」は勢いのよい状態を示す接頭語、「あける」は「空ける」で空っぽにする意味。「ぶちあける」に促音の「っ」を入れ、「ち」と「あ」とが合体して「ぶっちゃける」にもなる。

【さぶぼろ】
寒いときやこわいときに皮膚にできるブツブツ。鳥肌。大阪弁の「さぶいぼ」。「ぞぞげ」とも言い、「ぞぞげが立つ」「ぞぞげ立つ」の表現もある。

強調の接頭語「ぶち」はいろいろな形で用いられる。「落とす」を強調しようとするなら「ぶち落とす」、「壊す」なら「ぶち壊す」となり、この他にも「当たる」は「ぶち当たる」、「のめす」は「ぶちのめす」、「殺す」は「ぶち殺す」といったあんばい。こう書いてくると「ぶち」にはものすごいパワーがあり、さぶぼろ《※鳥肌》ができるほどの暴力性や恐怖感が秘められている。

この「ぶち」は「打ち」から出てきたと言える。「ぶちあける」は「打ち空ける」であり、いま挙げたものも「打ち落とす」「打ち壊す」「打ち当たる」「打ちのめす」「打ち殺す」となる。しかし、同じ「うちあける」でも「ぶちゃける」のもととなった「打ち空ける」と、「明」を書く「打ち明ける」とでは発音は同じであっても意味が違ってくる。

「打ち明ける」にはやさしさと静けさがあって「ぶち」は似合わない。「思い切って彼女に好きと打ち明けた」「私の悩みを打ち明けますと……」。「打ち明ける」はこのように使うわけで、先ほど挙げたような凶暴性はない。

"ぶちゃけ"
何出す?
"ぶっちゃけ"
グー出す!
残り1ケの手羽先

一方、「打ち空ける」の方はこれと違い、強調の「ぶち」と同化してしまった。「ぶち」＋「あける」は名古屋弁として「ぶちゃける」「ぶっちゃける」に進化してきた。そして、これはまた「ぶちゃかる」「ぶっちゃかる」としても用いられている。

「あぶにゃーて《危ないので》、そんな持ち方では。ぶちゃかるといかんで《いけませんので》、やめときゃー《やめときなさい》」

煮えたぎった鍋を不用意に持とうとする。あからかして《こぼして》は大変である。いまに「ぶちゃかる」「ぶっちゃける」ことになりかねず、こう言って注意したくもなる。

「打ち空ける」と「打ち明ける」は別物だと書いたが、同じ発音だけにときには融合したりもする。名古屋弁の「ぶちゃける」が共通語の「打ち明ける」と同じようにやさしい感じで用いられることもある。これが出てくるときは要注意だ。

「ぶっちゃけた話、そこまでは予算がにゃーで《ないので》、まーいっぺん《もう一度》見積もりをし直してまえんきゃあ《もらえませんか》」

言葉こそやさしいが「この額ではとても発注できない」と拒絶している。これに対抗するには「こっちもぶっちゃけさせてまうと《もらうと》、これがぎりぎりの線ですわ」とでも言って理解を求めるしかない。こうした場合の「ぶっちゃける」は静かな中で交わされていても、本心と本心の激しいぶつけ合いになってくる。

知人にこの「ぶっちゃける」を多用する人がいた。陰で人は「ぶっちゃけのTさん」と呼んでいた。Tさんの口からこれが出たら、もうヘビににらまれたカエルも同然である。

「はやー《早い》とこきゃーてまえた《書いてもらえた》はええ《いい》が、ぶっちゃけた話、内容がイマイチの感じがして、

【値切り方】

「値切る」ことを名古屋弁で「こぎる」と言う。よく「まけてちょ」と言うが、売る方もただ者ではない。実際に出くわした客と店主の会話。「たっきゃあねえ」「そんなことないよ。いつもの

通りですよ」「チラシは安かったがね」「あれは大売り出しのときだったでだわ」「あの額にならんきゃあ」「そーしゃまけとくで、みんなにはだましかっとってちょーよ」。これで商談成立。客は内緒で特別にまけてもらえ、店主は見事に売り切った。


先方さんへは持って行きづりゃあ《づらい》」

「ぶっちゃける」を使ってこんな下手に出られたのでは反発しにくい。「すみません。また書き直してきますわ」。こうとでも言うしか、なくなってくる。

「ぶっちゃけて言うと、先方さんにそんだけ《それだけ》の予算はにゃあ《ない》。これぐりゃー《これくらい》でいかんかね《だめですか》」

指を三本立てられた。えっ、三万円！ いや、三千円？ 本当にあった話だが、うそみたいな※値切り方だった。

「今度のときに色をつけさせてまうで《もらうので》、今回ばかりはこれでにゃーてまえんきゃあ《泣いてもらえませんか》」

「はあ、まー《もう》いくらでもえーですわ《いいです》」

下請けの下請けはつらい。ぶっちゃけのTさんにかかれば、だれもがこんな調子である。陰ではTさんへの「ぶっちゃけ」話で盛り上がっている。

あれ、仕事をもらっているのに、こんなことを書いたら、もう来なくなる？ ひょっとしたら、上げてまえんかしゃん《もらえないかしら》（えっ、あみゃーて《甘いって》、ガクッ）。

第四章　きしつ

名古屋人気質は言葉にも表れる

「三河弁はじゃん・だら・りん、遠州弁はだに・だら・けー、だわ」

「そんなら名古屋は？　名古屋はどー《どう》言うの」

「えっ、名古屋弁？……がや・がね・だがや、だがや《ですよ》」
●「ひこつい」人をひこつこきと言う。尊敬されていないのが悲しい。

ひこつい

誉められてしかるべきだが「ひこつこき」に

「※City Nagoya」」でこの連載を始めて、かなりの回数になる。ありがたいことではあるが、果たして読まれているかどうか不安になる。そんなところへ「いつも読んどる《読んでいる》」という方がご来店され、「まあ、うれしい」と思っていると、話がだんだんおかしくなってきた。

「あれ（連載）はちょっときゃーたる《書いている》ことが難しいねえ」

「難しいって？　分かりやすいように心掛けとる《ている》つもりなんですけど……」

「女房もそう言っとります《言っております》わ。舟橋さんの文章は素直で読みやすいと思っとった《思っていた》けど、これはこねくりまわやーた《回した》ようでひこつぃーと」

「…………」

「かなり覚悟して読まんといかん《いけません》。肩肘張ってきゃーとりゃーす《書いておられる》ように思えてきて」

いや～あ、まいった。そこまで深く手の内を読まれてしまっているとは。

【City Nagoya】
なごや農業協同組合（JAなごや）が発行するA4判・二十八頁の月刊広報誌。そこに「名古屋弁のある風景」として書かせてもらっている。毎号フルカラーで市街地農業の現状や組合の活動などを紹介している。

弁解ではないが、一つの名古屋弁をキーワードに、原稿用紙にして四枚から四枚半、千七百字前後を書かなくてはいけない。これは結構大変なことだ。引き延ばす意味もあってかなりこねくり回したり、いじくり回したりせざるを得ない。

「そう言ってまう《もらう》と、まっと《もっと》注意して書かな《書かなくては》。そうですか『ひこつい』と……」

それにしても「ひこつい」がこういうところで出てきたか。人にではなく、文章に対しても「ひこつい」と。こちらにとっては久しぶりに聞く言葉でもあった。

そこでここでは「ひこつい」を取り上げてみることにした。これはかなりマイナーな名古屋弁であり、若い人はまず知らないだろう。いまではお年寄りがごくたまに使うくらいと言ってもいいほどだ。

しかもこれは名古屋ならではの方言と言える。「ひこつ」＋「い」で形容詞化されているが、それでは「ひこつ」とは何なのか。『広辞苑』や『国語大辞典』を引いてみても、「ひこつ」やこれに似た言葉は載っていない。

方言は往々にして古い言葉から来ていることもある。古語辞典を引くと「ひこづらい」があり、その意味の一つに「からむ」が挙げられている。そして「つらい」を引くと「アゲツラヒのツライと同じ」とある。「ひこづらい」を「ひこつい」と結び付けることができるかどうか。

名古屋で使われている「ひこつい」は「風変わりな」とか「物知りぶった」「変な」「奇妙な」といった意味だ。あまりいいようには使われていない。現に文章までが「ひこつい」

と言われてしまっている。

山田秋衛編著『随筆名古屋言葉辞典』はこの「ひこつ」を取り上げ、「物事に理屈が多く、故事来歴から裏面の事情などをクドクド言い並べて物識りぶる」とある。優れた解説と言える。

こうなると、お客さんがごく自然のうちに「ひこつい」を持ち出されたのも、もっともか。こちらの書く原稿が「クドクド」しており、「物識り」ぶっていると。もっと素直にならなくてはいけないが、クドイようだけれども、原稿用紙四枚分を埋めなくてはならない苦しさも分かって下され《下さい》。

同書は「皮骨《※ひこつ》」の漢字を当てながらも「語源不詳」としている。続いて「抹茶の行われる名古屋にはこの種属の人が案外多い」とのコメントも。茶道の盛んな〝茶どころ〟名古屋でも物知りぶった「ひこつい」言動は敬遠されていたらしい。

「あの人は難しいこと言わっせるで《いわっせるので》、つきあやーにくいーわ《付き合いにくいです》」

「まっと《もっと》素直にならなかん《ならなくてはいけません》。ひこつこ

【皮骨】

この言葉は辞書にない。素直に考えれば、骨と皮。それがどうしたと言われると困るが、骨皮筋右衛門を想像すると「ひこつこき」でもあったか。いずれにしろ、意味不明。

きだわなあ《ですよね》」

「ひこつい」人のことを「ひこつこき」とも言う。これは「ひこつい」に「こき」が付いたものだ。この「こき」はうそを付く人を「うそこき」と言うときの「こき」と同じ。風流をめでる博識があるのは賞賛されてしかるべきだが、これが減点の対象にされてしまうのが名古屋のオソロシイところでもある。

　何事もほどほどでなくてはいけない。あまり知識などをひけらかすと、尊敬を通り越して「ひこつこき」にされてしまう。こちらも注意しなくてはいけない。

「ちょっと会わなんだ《会わなかった》うちに、えりゃー《大変》ひこつぃーことを言うだにゃーか《ではないか》」

小さな子供が大人びたことを口にしたりすると、こう言ってからかったりもする。本来なら立派に成長したことを誉めてやるべきところだ。しかし、大人も顔負けするような、そんなこましゃくれた子供はこう言ってからかわれる。

　出る杭は打たれる。名古屋はみんなといっしょで過ごす、仲良しこよしの社会。目立ったことをする人や「ひこつこき」は嫌われる。

「名古屋人はケチですぐ小切り《値切り》、閉鎖的で外から来た人につめてゃー《冷たい》って？」
「いつまでもそんなこと言っとってかん《言っていてはいけません》。まー《もう》そろそろふりぃー《古い》名古屋論は捨てな《捨てなくては》」
「ほんでも《それでも》なかなか変わってけせんに《いきませんよ》」
●いまでは死語となった「きたりど」。じげと言っても自分の毛のことではないよ。

きたりど

農村社会の閉鎖性を示す言葉

「舟橋さんですか。みゃーきゃー《毎回》楽しみに読ませてまっとります《もらっています》。（中略）あの雑誌は農協のもんだで《ものですから》、まっと《もっと》農業や農家のことをきゃーてまわないかん《書いてもらわなくてはいけません》」

店番をしていたら、こんな電話が。反応らしい反応はないが、読んでいただいているとはありがたい。話しているうちに店へ来ていただいたこともあるようで、こちらも親しみが湧いてきた。

「それはいいご意見を。子供のころはよー《よく》手伝わされたで《ので》、書くことはいっぺゃー《一杯》あります。そーいや《そう言えば》、中学になってからやらされた※たむぎくね《田麦くね》はえらかった《苦しかった》ですよ」

「たむぎくね？　そんなこともしとったわなあ《していましたよねえ》。えりゃー《むずかしぃ》こと、知っとりゃーす《知っておられます》なあ」

方言は田舎にこそ残っている。名古屋弁も田舎ほどよく使われており、その意味で名古屋弁の舞台は農村だと言える。原稿を書くとき、頭の中には子供のころの遊びや農村風景

【たむぎくね】
水田で稲の裏作として麦や菜種などを栽培するため、水に浸からないよう備中で周りより高い畝《うね》を作った。その作業する前に田の土を起こしやすく、すじ

引き鎌で土を切り取る線を引いた。たむぎくねは重労働だったが、いまは裏作もしなくなり、こうした光景は見られなくなった。

などがあるが、しかし、こうもはっきり指摘されてしまったのでは、農業のことをまっと《もっと》取り上げていく必要もあるか。

正月に幼なじみと一杯やった。筆者の生まれたのは岩倉市で、五十戸ほどの小さな村だった。県道一本を隔てて市街化調整地区になっており、名古屋の近郊にありながら戸数はそんなに増えずにきた。

ところが、近年は開発可能な特区とされ、住宅の建設が可能になった。現在はかつての二倍以上にもなり、農地はつぶされて新しい家が次々と建てられている。彼は新住民との共生が重要な課題になってきていると言っていた。

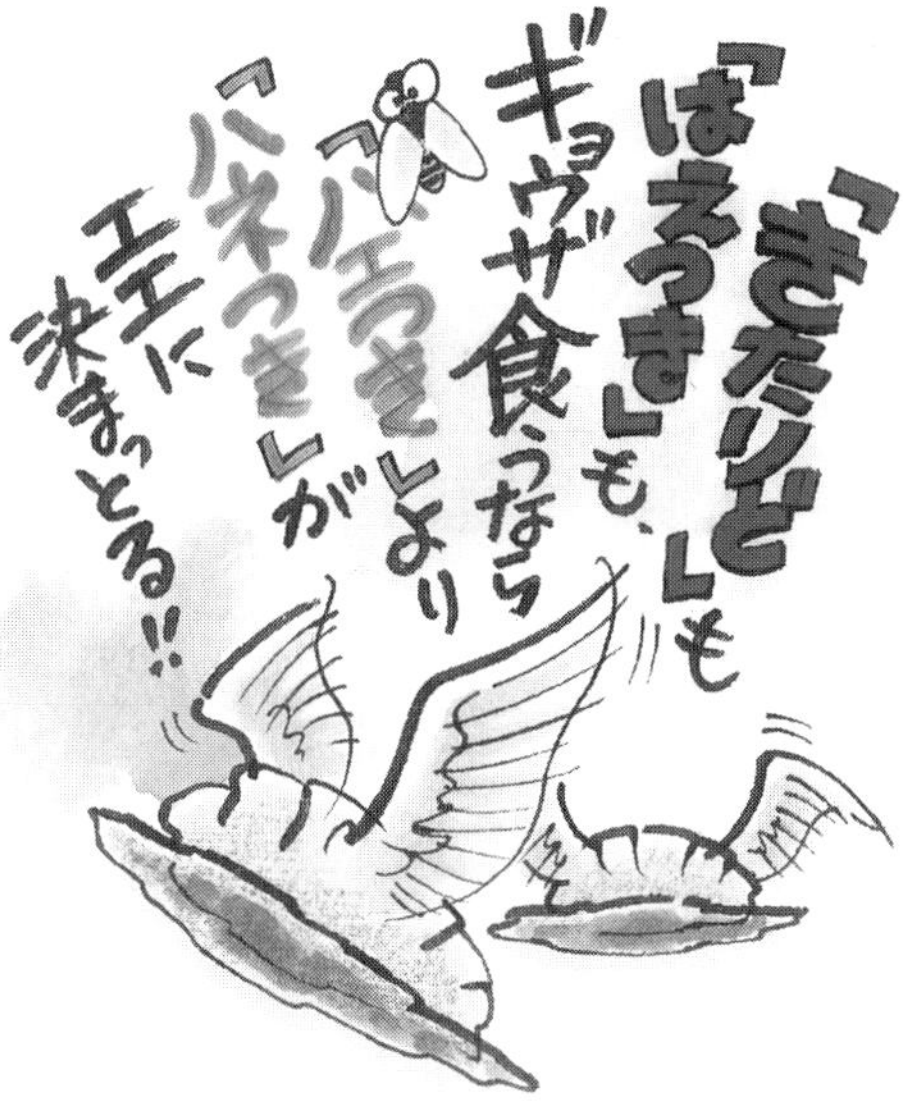

「村は変わってくよ《いくよ》。これからはきたりどの方がおおなるで《多くなるので》、上手に付き合っていかなかん《いかなくてはならない》」

久々に「きたりど」という言葉を耳にした。いまもよく使っているとのことで、これこそ農村ならではの名古屋弁だ。「きたりど」ばっか《ばかり》の都会でこれが使われることはまずない。

【在所】

一般的には自分の家のあるところを言うが、こちらでは嫁や婿の実家を指すことが多い。例「法事でざゃーしょへ行っとるで、せっかく来てちょーしたがいまはおらん」。


「きたりど」は漢字で書けば「来たり人」である。別のところから移住してきた人、よそもん《よそ者》、他国もん《他国者》の意。閉鎖的な農村社会ではこう言って、新しく来た人に警戒の目を向けたり、見下したりもした。

「さっき見かけん《見かけない》じんが通ってった《通っていった》けど、おみゃー《お前》さん、知っとりゃーすか《知っていますか》」

「さあ、知らんなあ。わしも見たけど、どーも《どうも》じげのじんではなかったみてゃー《みたい》だけど」

農作業の手を休め、こんな会話が始まる。昔と違って米作りは他人任せだし、畑の野菜も自分の家で消費するくらいしか作らない。「たむぎくね」という言葉自体までがなくなったように、あのとき使っていた「すじひき鎌」ももうない。

名古屋では見知らぬ人のことを「じん」と言い、自分の住んでいるところを「じげ」と言う。漢字で書けば「じん」は素直に「人」か、御仁の「仁」か。「じげ」は「地下」で、自分の住んでいる地域、地元、在所《※ざいしょ》の意。彼によればこれらも「よー使っとる《よく使っている》よ」ということになる。

昔は狭い地域だけで生きてこられた。地元意識の範囲はかつての大字《おおあざ》程度、江戸時代だったら庄屋さんの支配下にある村くらいか。その中で小さくまとまって暮らし、よそから来た人は「きたりど」として区別した。

しかし、「きたりど」を口にしたものの、彼にはそんな古い考えはなかった。時代が変われば、人の意識も変わる。また、新しく入ってきた人も、地域にとけ込もうと懸命のようだ。

「新しい人と付き合っとる《付き合っている》と、えー《よい》勉強になるわ。名古屋で手広く商売しとる《している》人もおる《いる》し、なんだしゃんが《何だか知らないが》えりゃー《大変な》特許を持っとる《持っている》人もおらっせる《おいでになる》」

彼はこんなことも言った。かつては村の寄合などでも「きたりど」は隅の方に座って小さくなっていた。しかし、いまはそうした人たちの方が視野は広いし、活動的でもある。彼が言うように「新住民との共生」が新しい農村を作っていってくれるようにも思われる。

それではこうした「きたりど」が地元の人たちから「きたりど」と言われなくなるにはどれくらいの期間が必要になるのか。「きたりど」の反対が「はえつき」だ。この地方では「生え抜き」とは言わず、「はえつき」と言っている。

「じげ」の人と言われるには自分の代では無理か。この土地で生まれて育ち、ようやく「きたりど」と言われていたのが消える。江戸っ子は三代ほど居着かないと認められなかったらしいが、「きたりど」が消え「はえつき」と言われるようになるには、こちらでもやはりそれくらいの期間が必要となるのだろうか。

「しょーない川って、しょーもない川でっか？ けっこう大きかったですけど」
「庄内川、知らんの？ おみゃー《お前》さん、どこからいりゃーた《来なさった》」
「大阪でんがな。看板に大きう『しょうない川』と書いたりまっせ」
●庄内川を知らない人に「おたいにんそく」は分からないか。「おたい」は地名だけど。

おたいにんそく

分かる？ 漢字で書けば「小田井人足」

「そんなおてゃーにんそく《小田井人足》、しとってかん《していてはいけません》。はよ《早く》やりゃーか《やりなさいよ》」

子供のころ、こう言ってよく「小田井人足」を聞かされた。しかし、このごろ使う人はまずいない。勉強、勉強の世の中だが、昔は子供も大切な労働力だった。

小学校のころは夏休みや冬休みの前に農繁休暇があった。田植えや稲刈りどきは忙しく、子供の手も頼りにされた。いまでは考えられないような休みである。

祖母に連れられて畑仕事に行くが、脇を流れる小川で魚取りに夢中。フナやドジョウ、ザリガニなどを取

【かえどり】
漢字で書けば「替取り」。川の上下をせき止め、水をかき出して中の魚を取る漁法。魚のいそうな池ですることもある。いまとは違って、川は魚や貝の宝庫だった。

「しょうもない」川ではない庄内川（新名西橋のたもとで）

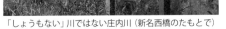

【肥後守】
携帯に便利な折りたたみ式のナイフ。熊本から広がったことからこの名が付いた。よく指や手を切ったりしたが、そのときに使う薬が赤チンだった。

り、カメやウナギなど大物はいないかと探す。仲間がおれば大規模な「かえどり」※にもなつた。

「おーら《おれたち》はザリガニのことをマッカーサー、マッカーサーと言つとつたがや《言っていましたよ》。そっちでは言つとれせなんだ《言っていませんでしたか》」

一宮生まれの先輩（八〇）はこう言うが、一部ではそんな呼び名もあったか。岩倉生まれの筆者は聞いたことも、もちろん言ったこともなかったし、マッカーサーという人の名前も知らなかった。ものの本によると一九三〇年代にアメリカから移入されて広がったとあるが、そうなると敗戦によるＧＨＱの支配は二度目の日本占領だった。

アメリカザリガニと言えば、その切り身を釣り針に付けてたらすと、カエルが面白いほどよく釣れた。笹や葦を切ってストロー代わりにし、カエルの尻の穴から息を吹き込むと風船のようにふくらみ、池などに放してぷかぷか浮かぶのを面白がった。ポケットにはいつも二つ折りのナイフ「肥後守」※があった。

祖母は「小田井人足」を口にしていただけに、いま思うとあきれるほどよく働いた。朝

【庄内川】
岐阜県恵那市の夕立山を源流とし、名古屋では城の北方を取り巻くようにして伊勢湾に注ぐ。この辺では小田井川の名称もあった。

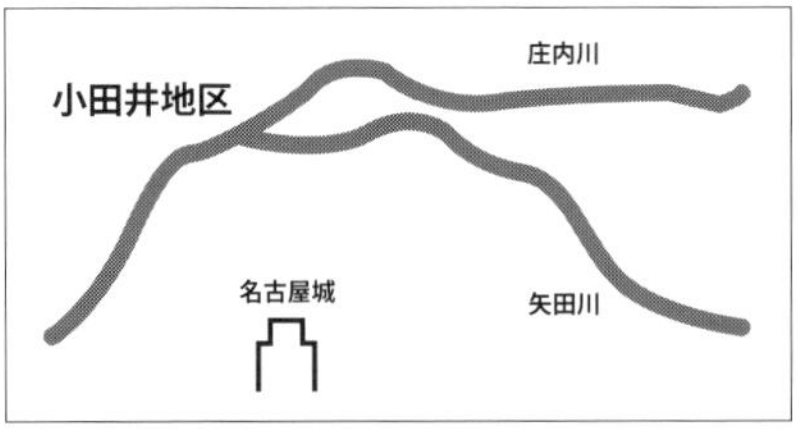

は朝星、夜は夜星、昼は梅干しいただいて、四六時中働いていた感じだ。手の指などは太くてゴツゴツしており、いま自分の手を見られたらいかに働いてこなかったかと怒られてしまう。

この地方では働く格好だけする人を「小田井人足」と呼んだ。そこから働かない人、仕事をさぼる人を意味するようになった。名古屋人は「そんなおてゃーにんそく《小田人足》しとってかん《していてはいけません》」としかられて働き者になり、そうでない人は「あの人はおてゃーにんそくだで《ですから》、仕事を頼んでもだちゃかんわ《だめですよ》」と軽蔑されたりもしたものだ。

この語源は※庄内川右岸に広がる小田井地区（西区、清須市枇杷島町）から来ている。江戸時代には上小田井村、中小田井村、下小田井村の三村に分かれていた。庄内川は川底が周囲よりも高い天井川であるうえ、すぐ上流で矢田川が合流している。

こうしたことから洪水が頻発する危険地帯だった。尾張藩はそんなときに城下を守るため、反対側にある右岸堤防を切らせようとした。御上の命令とはいえ、狩り出される農民たちにとってはその先に自分たちの家や田畑があり、たまったものではない。

彼らには迷惑このうえない話だ。そこで働いているような格好だけをして、自然に減水してゆくのを待った。ここから働くフリをしている人のことを「小田井人足」と呼ぶようになったと言われている。

しかし、調べてみたが、城下を守るために堤防を切ったという事実は一度もない。それどころか、どの殿様も治水対策には懸命だった。堤防を切るようなことをすれば、そこを

工事に駆け参じた人たち 『御冥加普請の記 并図』より

給地としている侍たちも困ってしまう。

天明三年（一七八三）の秋、降り続く雨で上小田井村に隣接する大野木村の堤防が切れそうになった。時の藩主徳川宗睦《むねちか》は熱田神宮に無事を祈願し、これに感動した農民たち約二千人が出て、川ざらいをしたり土砂を運ぶなどして未然に防いだ。そのときの模様は『御冥加普請の記 并図』という本に記され、殿様差し入れの酒樽の山や医者たちの設けた施薬所などの絵も添えられている。

いまでいうボランティアによる意欲的な活動で、こうなると「小田井人足」どころか、せっせと《懸命に》「せいだす《精出す》」人ばっか《ばかり》。しかし、それにもかかわらずこの言葉が生まれてきたというのはどうしたことか。

考えてみると、右岸堤防を切った事実はなかったが、城下側の左岸堤防を強化することはあったかもしれない。それなら小田井の人たちは自分たちの右岸側が不利になるとして、ぶらぶら働く格好をしていたとも思えてくる。いずれにしろ、小田井の人にとっては甚だ不名誉な言葉だが、かつてはこの地方で広く使われていたのは確かだ。

「あんまり《あまりにも》手羽先がうみゃーで《うまいので》、ひゃー《もう》のーなって《無くなって》まったがね《しまったですよ》」
「のーなる《無くなる》といや《言えば》、常さ《常市さん》がこにゃーだ《このあいだ》のーならっせたげな《亡くなられたそうですよ》」
「あれ、ま。まんだ《まだ》わっきゃー《若い》に《のに》。常さもよーこけぇー《よくここへ》飲みにきとらっせたに《来ておられたのに》」
●亡くなると遺品の整理も大変だ。「ほかる」にも、なかなかほかれなかったりして。

ほかる

捨てていた手羽先がいまや家庭料理にまで

「二塁、二塁！　はよ《早く》、ほかれっ《投げよ》！」
ショートがボールをハンブルしている。ピッチャーがゲッツーをねらい、こう言って大声を出した。子供でも「投げる」ではなく「ほかる」を使っているのに妙に感心した。

あの子は三世代同居の家庭で育ったのか。核家族だったら、まず「投げる」だろう。おじいさん・おばあさん、そしてお父さん・お母さんから、名古屋弁として「ほかる《投げる》」が正しく伝達されてきた証拠だ。

いまの子供たちは「投げる」が圧倒的に多い。この「投げる」も「投げよ」と言うか「投げろ」と言うかで地方が分かる。西日本では「投げよ」、東日本では「投げろ」と大きく分かれ、その境目とされているのが静岡市あたりだ。

小学生のころ、東京から来た転校生が「投げろ」と言うのを聞いて、子供ながらも新鮮

かつては、どちらも"ほかる"モノだった…
手羽先
ホルモン

に感じたことを覚えている。こちらの命令形は「〜ろ」ではなく「〜よ」であり、「投げよ」「受けよ」である。しかし、いまでは「〜ろ」の方が優勢になってきている。

「ゴミならほかったりゃええがね《捨てればいいですよ》。そーもでやーじに持っとらんでも《そんなに大事に持っていなくても》」

「そんなとけー《ところへ》いつまでもほかっとってはいかん《放置していてはいけません》。らしもにゃーで《むさくるしいので》」

「ほかる」は「放《ほう》る」から来ている。この地方では「投げる」のほかに「捨てる」とか「放置する」の意味もある。ちなみに各地で「捨てる」ことをどう言っているか。

北海道は「投げる」で、このほかにも北海道には意外と標準語が多い。山形「うだる」、茨城「かっぽる」、千葉や埼玉「うっちゃる」、東京「ほっぽる」、京都「ほかす」、大阪・兵庫「ほる」、愛媛「まくる」、長崎「あったらか」などとなる。

「捨てる」の表現はこのように多彩だ。名古屋人が違う文化圏へ行って「ほかる」と言っても、意味が通じなくてキョトンされてしまうかもしれない。逆に、愛媛で「まくる」と言われたら、誤解されかねない事態を引き起こしてしまうかも。

関西は「ほる」が多い。若いころ、行き付けの焼肉屋の大将からホルモンは「放る物」から来ていると教えられた。本来、牛や豚などの内臓は捨てるものだったが、これに目を付けて立派なメニューに仕立てたというのだ。

時々、ホルモンが無性に食べたくなる。ホルモンを食べるにはやっぱり赤ちょうちんの下がった、下町の薄暗いような小さな店がよく似合う。片隅の机で独りビールを飲みながら、新聞や週刊誌を読むのは至福のひとときである。

ほかっていた《捨てていた》食材と言えば手羽先がある。いまや名古屋名物・名※古屋めしの代表格とも言えるが、かつては見向きもされなかった部位だ。これを有名にし

【名古屋めし】
きしめん・味噌煮込みうどん・味噌かつ・ひつまぶし・イナまんじゅうなどと多いが、いずれも古くから伝わる郷土料理だ。近年、町おこしとして盛んに売り出されるものとは一味違う。もちろん、この一方で新しくできたメニューも定着してきており、それらにはエビフライ・あんかけスパ・台湾ラーメンなどがある。

舟橋武志の読書日記

名古屋めし誕生秘話

尾張名古屋は城ではなく、今は飯で持っている。きしめん、みそ煮込みうどん、みそかつ、どて煮、天むす、ひつまぶし。他にもまだいくつもある。総じて〝名古屋めし〟(名古屋市の名物料理)と呼ばれ、わざわざ県外から食べに来る人も多い。

まずは、世界の山ちゃん研究会・著『世界の山ちゃん伝説 思いつきを成功に変える25の法則』(幻冬舎・刊=写真上)。居酒屋の同店は手羽先を売り物にして人気を集め、海外にまで進出した。〝名古屋めし〟の代表格と言えるだろう。

手羽先の元祖は名古屋で有名な居酒屋の「風来坊」。本書によると、山本重雄社長は居酒屋で働いていて、隣の風来坊の繁盛ぶりに目を見張り、手羽先をメインに独立した、とある。ハチャメチャとも思える「25の法則」からは今風の経営を学べ、特に若い社員の生かし方がうまい。

手前みそになるが、もう一冊は国方学・著『台湾ラーメン 味仙の秘密』(ブックショップマイタウン・刊=写真下)。名古屋のご当地ラーメンは、名古屋でも愛知でもなく台湾ラーメンと言う。ラーメン店の大半が自店のメニューに取り入れている。

これを考案したのが味仙の郭明優代表で、すでに半世紀に及ぶ歴史がある。トウガラシと豚ミンチを入れた「激辛・激旨《げきうま》」のラーメンだが、その辛さは半端ではない。誕生の謎や歴史、同店ならではの経営などに迫る。

本書は優れた名古屋論、食文化論にもなっている。

同書によれば、捨てられていた手羽先をメニューに加えたのは味仙で、それを工夫して名物に仕立てたのが風来坊、さらに有名にしたのが山ちゃんとある。手羽先は今や家庭料理になった。今度は『名古屋手羽先物語』を出せないかとたくらんでいる。

(ブックショップマイタウン店主)

日本農業新聞

たのが・元祖・風来坊で、それを見た世界の山ちゃんがチェーン展開し全国区にした。世界の山ちゃん研究会著『世界の山ちゃん伝説』によると、居酒屋で働いていた山本重雄社長は隣にある風来坊の人気に目を付け、手羽先をメインに独立した、とある。最初は屋台のような小さな店だったが、名前はでっかく〝世界の〟と冠した。この二社による競合で手羽先は超人気となり、安かったはずのものが奪い合いになったほどである。

先ごろ、当社から国方学著『台湾ラーメン味仙の秘密』という本を出した。これによると同店がいち早く手羽先に目を付け、トリ屋に注文すると「そんなもん《もの》、なんに使う」と逆に聞き返されたとか。商品化したのは味仙の方が早かったわけだが、これをヒット商品に育てたのが風来坊で、さらに〝世界に〟広めたのが山ちゃんということになる。

ホルモンも手羽先も、もとは「ほかる《捨てる》」ものだった。それを拾い上げて有効活用したばかりか、人気商品にまで押し上げた。まさに捨てる神あれば拾う神あり、である。

「ほかる」からとんだところへ話が発展してしまったが、ホルモンをネットで検索していたら意外な解説が出てきた。ホルモンは「刺激する」「呼び覚ます」意のギリシャ語「ホルマオ」から来ており、ホルモン焼きは大阪の洋食レストラン北極星の店主、北里茂男が毎日捨てていた臓物を串焼きにして使い出したことに始まる、とある。由来の一つに「放る物」からとの説も付記されているが、こんなもっともらしい由緒来歴があったとは、ああ、知らなんだ、知らなんだ。

「えーて《いいですよ》、今日はわしが払わしてまうで《払わせていただきますので》」
「いかんて《だめですよ》、いかんて《だめですよ》。きんのう《昨日》もおごってまっとるで《いただいていますので》」
「えーて《いいから》、えーて。今度おごってまうで《いただくので》」
●喫茶店※のレジ前でよく見かける光景。おごられるばかりでは気が「ずつない」。

ずつない

腹くらいならいいけど、気持ちがとなると

「先生、このごろ胸がずつなてかんもんで《苦しくていけませんので》……」

おばあさんがこう言って、お医者さんの前にあるイスに座った。「ずつない？　どれどれ」と先生の診断が始まる。方言はひとことで病状をうまく伝えてくれたりもする。

「うちにおる《いる》と嫁に気がずつにゃーで、みゃーにち《毎日》ちみゃーにちカラオケ屋に行っとるがね《行っておりますよ》」

「いまはどこでもそーだよ《そうですよ》。常さは《常市さん》よう、顔合わせるのも気がずつにゃーと言って、旅行に行ってばっかしとらっせるがね《ばかりしておられるですよ》」

姑さんに耐えに耐え、さあいよいよと思っていたら、時代が変わっていた。いまは嫁さんの方が強く、これからはますますそうなる。谷間世代にとって、嫁いびりは夢のまた夢となった。

「胸がずつない」「腹がずつない」「気がずつない」など、「ずつない」はよく用いられる

【喫茶店】
名古屋は喫茶店が多い。コーヒー一杯でパンやゆで卵などが出てくるモーニングは有名。名古屋的作法を踏襲した喫茶店チェーン、コメダ珈琲店は名古屋を発祥の地とし、創業者は〝米屋の太郎〟さんこと加藤太郎氏である。

名古屋弁の一つ。「腹がずつない」くらいならしばらくすれば治まるが、「胸」や「気」となると事態はかなり深刻そう。カラオケや旅行くらいでは解決しそうにない。

この「ずつない」は「苦しい」とか「つらい」の意。息切れがして苦しいときなどに使うと効果的だ。大阪弁で言うなら「しんどい」に当たるか。

尾籠な話で申し訳ないが、「ずつない」を使った「ずつなぐそ」という言葉もある。あまりにずつなくて、苦し紛れに出す大便のこと。「あの仕事はずつなぐそだったわ」などとも言い、転じて「骨が折れる」の意味に用いられたりもする。

このごろ「ずつなぐそ」を使う人はまずいない。しかし、手元にある山田秋衛編『随筆名古屋言葉辞典』、荒川惣兵衛編『ナ

《名古屋弁のある風景》

名古屋弁氾濫の喫茶店とは

名古屋は〝喫茶店どころ〟。大きなチェーン店から自宅を改装した程度の店まで。ちょっと歩けば、喫茶店に突き当たる。

名古屋弁を聞きたかったら、後者のような地域密着型の小さな店へ行くとよい。そこはご近所さんのたまり場となっており、会話は流暢な名古屋弁で交わされているはず。耳を澄ませば、かなり多くの単語や熟語を収集できてしまうし、そのイントネーションを楽しむこともできる。

大きくなったコメダ珈琲店も結構、名古屋弁であふれている。ここは長居しても嫌がられないことで人気があり、暇つぶしのお年寄りが集まりババ会・ジジ会になったりもしている。親しい人とゆったりした気持ちで会話すれば、自然と名古屋弁が多く出てこようというものだ。

ゴヤベンじてん』はともにこれを収録している。ちょっと下品ではあるが面白い言葉であり、これを復活させてみてはいかが。

この「ずつない」は「術がない」から来ている。名古屋人のご先祖は「術」を「すべ」とは言わず「じゅつ」と音読みした。それがなまって「ずつ」になったわけだが、こうなると頭がよいのか悪いのか分からなくなってくる。

同じように音読みしたものに「たいだい」がある。いきなり「たいだい」と言っても理解されないかもしれないが、「てゃーでゃー」と発音するとすぐに分かってもらえよう。しょっちゅう使っている言葉で、これも考えてみると面白い。

「おみゃー《お前》、てゃーでゃー《わざと》遅れて来たろう。やりたにゃーで《やりたくないので》」「てゃーでゃーでにゃあ《ではない》。急におふくろが倒れてまって《しまって》……」

この「たいだい」は「態々」から来ている。本来は「わざわざ」であるのだが、名古屋人はこれも音読みしてしまった。「態々」は辞書に「わざわざ」としてあるが、「たいだい」では載っていない。

「ずつない」の「ずつ」は「術」だったが、これは「ずつある」とか「ずつがある」などとは言わない。熟語のようにして必ず否定形で用いることになる。そう言えば、同じようなものとして「ひずがない」もあった。

「ポチ、ひずがにゃーだにゃーあか《ないではありませんか》。どこぞ《どこか》ぐわゃー《具合》でも《でも》わるにゃーか《悪くないか》。あんまり《あまり》食べんし」

「鼻の頭がかわゃーてまっとる《乾いてしまっている》でかんわ《のでいけませんよ》。かぜでもひーた《ひいた》か、腹でもこわゃーと《こわして》れせんか《いませんか》」

「ひず」は「元気」とか「生気」の意。これもこのように否定形でのみ使われ、いくら元気に走り回っていても「ひずがある」とは言わない。「ひず」と来たら「ない」となる。

この「ひず」は一体どこから来た言葉なのか。一説に「脾髄」とする説もあるが、いまひとつピンと来ない。辞書を引くと「ひず」としてひいでる意の「秀ず」があり、この名詞形に「ない」が付いたと考えるのはどうだろうか。

「ずつない」から「ひずがない」が出てきた。苦しいから元気がない、元気がないから苦しい。この二つはなかなかお似合いの言葉ではないか。

マラソンで坂を上っていたら、前の人が「まーいかん《もうだめだ》、ずつにゃあ《苦しい》、ずつにゃあ」と言い、とうとう歩き出してしまった。ゼーゼー・ハーハー、ゼーゼー・ハーハー、こちらもあえぎあえぎ「えりゃー《苦しい》、どえりゃー《ものすごく》えりゃー《苦しい》」と悲鳴が出る。そして思った、「ずつない」と「えらい」も親戚同士だなあ、と。

「セリ・ナズナ・ゴギョウ・ハコベラ…これぞ春の七草。秋の七草、言ってみやー《言ってみなさい》」
「えっ、秋の七草？　春の七草は知っとる《知っている》けど、秋は……」
「ハギ・オバナ・オミナエシ……秋のは食べれんもんで《食べられないものなので》、これぞだだくさ」
●陰の声「とろくさー《ばかげた》こと、言っとってかんて」。大切にしたい名古屋弁の「だだくさ」。

だだくさ

エコ社会のいまにこそスポットを

「そんなにだだくさに使っとってはいかん《使っていてはいけません》。まっとでゃーじにしな《もっと大事にしなくては》」

子供が書き損じた紙をぽいぽいと捨てている。そんなのを見ると、もったいないので、こう言って注意する。※節約・倹約をモットーとする名古屋人には許し難い行為だ。

こんなときには「だだくさ」という言葉がよく似合う。「だだくさ」の意味は「粗末に扱うこと」「大切にしないこと」。無駄遣いをする人には「お金をそうだだくさに使うでにゃーぞ《使ってはしけませんよ》」と注意を促すことになる。

この「だだくさ」は無駄の「駄」に「沢山」が付いてできたもの。無駄が沢山とあれば、見捨ててはおけない。およそ「駄」の付く言葉に、ろくなものはないのだ。

駄賃と言えば、金額はそんなに多くない。駄菓子と言えば、大した菓子ではない。駄馬・駄犬・駄作もしかり。「駄」があると急につまらないものになってしまう。

【節約・倹約】
名古屋人を代表する気質の一つ。肥沃な尾張平野では何でもよく育ち、コツコツ働いて質素に暮らしておればお金は貯まるばかり。貯金大好き。それも安全第一の郵便貯金で、下ろすより入れるばっか。

春のななくさは食べられる。セリ・ナズナ・ゴギョウ・ハコベ・ホトケノザ・スズナ・スズシロ、春のななくさ。これに対して秋のななくさはハギ・オバナ・クズ・ナデシコ・オミナエシ・フジバカマ・アサガオ（これはキキョウになることも）。食べられないので、こちらは秋のだだくさか（でも、目は楽しませてくれる）。

「えー《よい》服買ってやーましたで《買ってあげましたので》、だだくさに着るでにゃーぞ《着てはいけませんよ》。でやーじに使やあ《大事に使いなさい》」

「そうだだくさに飲むなよ。たっきゃー《高い》酒だで《ですから》」

このように「だだくさ」には必ず否定の「ない」が付く。「まっと《もっと》だだくさにやったりやー《やってあげなさい》」などとは言わない。「だだくさ」が出たら必ず「ない」ときて、粗末に扱うことを制止する言葉なのだ。

とはいえ、たまには「やり方がちょっとだだくさだがね《ですよ》」などと肯定的に言うケースも

ある。しかし、こんな場合でも言外に「そんなことをしとってはいかん《していてはいけません》」の意味が込められている。「だだくさ」だけが推奨する意味で、堂々と独り歩きすることはあり得ない。

先に、「もさい」「もっさい」を取り上げたとき、「ださい」「だっさい」についても考えた。カットにいま話題の純米大吟醸、獺祭《だっさい》が出てきたのには思わず笑ってしまった。イラストレーターには文章を絵にするのではなく、まったく別の発想で自由気ままに描いてほしいとお願いしていたが、これは面白かった。

先日、ある人からお歳暮にその獺祭をいただいた。いつも飲んでいる安物の酒とは違い、とても「だだくさ」には飲めない。友人が遊びに来たときも、これだけはもったいなくて出せなかった。

二十一世紀はエコ社会の時代だ。限りある資源を大切に、末永く使ってゆかなくてはならない。まさに「ない」を付けた「だだくさ」が注目されるときが来たと言えよう。

本来「だだくさ」は「乱雑な」とか「粗略な」という意味で使われてきた。『広辞苑』にも「しまりのないさま。乱雑」とあるだけ。名古屋弁の「だだくさ」はこれに加えて無駄が沢山という意味にも用いられており、しかもこれが否定として使われているところに節約・倹約を旨とする名古屋人らしさがある。

方言は共通語から出ながら、意味するところは多彩だ。「首をつる」「魚をつる」の「つる」は名古屋弁で「二人（複数）で持つ」の意味にもなるし、「みえる」は「先生がみえる※」「部長さん、みえますか」などと言うように「来る」「居る」の意になったりもする。そし

【みえる】
最近では広く通用するようになってきたが「みえる」圏外の人には理解されにくい言葉ではある。東京へ「ご主人、みえますか」と電話すると「ここからは見えませんが」などというトンチンカンな会話もめずらしくはない。

てまた「だだくさ」にも共通語を超えた意味がある。

ものを大切にすることはいよいよ重要になってくる。このごろはあまり聞かれなくなったが、「少ない」とか「貴重な」といった意味の「たしない」という言葉も復活させてやりたい。ものがあふれているいまの浪費社会にこそ、「だだくさ」にはしない心構えが求められている。

〈追記〉原稿を書き終え、寝物語に女房に「だだくさ」についての講釈をしてやった。「えっ、だだくさは名古屋弁？」「何言とる《何を言っていますか》、名古屋弁に決まっとるがや《決まっていますよ》」。名古屋弁と思っていなかったというのには、こちらがびっくりである。

「だだくさを分解しやな《すればね》、無駄の駄プラス沢山、だだくさんの略だぞ。駄が付くとみんなつまらないものになってまう《しまう》。駄菓子だろ、駄馬だろ、駄賃だろ、みんなろくなもんではにゃあ《ものではない》」

「…………」

「おい、聞いとるか。せっかく教えとったるのに《教えてあげているのに》」

すると女房、くるりとこちらに向き、筆者の下腹部を手でぽんとたたき一言。

「駄チン」。

マイッタ！　すまんのう……。

「このごろは貸し農園で三坪ばかりの畑仕事をしとるわ《しているわ》」

「そりゃ《それは》、えーなあ《いいなあ》。野菜もできるし、いっしょにやりゃ《やれば》子供の教育にもなって」

「ままごとみてゃーなもんだがね《みたいなものですよ》。子供も喜んでくれて」
●新鮮野菜を自給自足。一挙両得、作物も子供も「ひとねる」ことに。

ひとねる

大学入学へ、せっせと働いてくっくとたばう

「くっくとひとねやーたに《のに》、あんなふうになってまって《しまって》……」

「悪さばっかし《ばかり》て、困ったもんだ。あれでは親が気の毒だがね」

知人同士の会話だが、「ひとねる」を語る前に、「くっくと」を覚えてまわなかん《もらわなくてはならない》。ケチで働き者の名古屋人にはぴったりの言葉で、「苦労して」とか「骨折って」といった意味。漢字で書けば「苦々と」であり、「苦」が二段重ねになることから、尋常の苦労でないことが分かる。

依然としてオレオレ詐欺が絶えない。こうしたニュースを聞くたびに、どうしてそうも簡単にと思うのだが、当人にとって身内の話となると、冷静ではいられなくなるのか。せっかくせっせと働き、くっくとたばってきた《貯めてきた》虎の子を、いとも簡単にだまし取られてしまったのではたまらない。

さて、本題の「ひとねる」だが、これは「育てる」「養育する」の意味。これには当然、大変な労力と資金、それに強い意志がいる。かわいい子供のためなら、えんやこらである。

冒頭の言葉は「苦労して育ててきたのに」という意味。子供のころから「坊ちゃま」「若様」と周りからちやほらされてきたのに、ヤクザな人間になってしまったのではせっかくの苦労も水の泡。新聞などを見ていると、こんな親不孝者が結構いたりして。

訳の分からぬ犯罪やうつ病などの精神疾患、いまはめずらしくもない不登校などに至るまで、かつては見られなかったような問題が増えてきている。他人の目からすると、どうして？と気になる。なぜ現代病とも言えるものが続出するようになってきたのか。

かつて文部大臣を務めた人が「実は（そういう病気を治すのは）簡単なんです。貧しくなれば自然となくなる」というようなことを発言した。これには各界から異見が出され、問題にされたこともあった。しかし言われてみれば、そうした病根の一つは恵まれすぎた現代社会にあるのかもしれない。

いまや食べ物にも事欠く「おしん」※の時代ははるか昔、「くっくと」働かずに成長してしまうケースもある。子供にあまり手をかけなかったのに大きくなり、植物などでも知らないうちに育ってしまっていたり。こんな場合は「ひとねる」ではなく「ひとなる」と言っている。

「ちょっと入院しとったら《していたら》、キウイがひとなり過ぎてまって《しまって》、つるがもじゃもじゃに延びて、どもならん《どうにもならない》」

【おしん】

昭和五十八年に放送されて爆発的人気を呼んだＮＨＫの連続テレビ小説。貧しさに耐え抜き、戦中・戦後の混乱期を生き抜いた女性「おしん」の一代記。平均視聴率が52・６％という驚異的な記録を打ち立てた。原作・橋田壽賀子。

「自分でひとなったと思っとったらだちゃかんぞ《だめですよ》。ご両親の苦労がどれくりゃー《どれほど》あったことか」

キウイは育ちが速い。しかし、人間はそうもいかない。この際、能動的な「ひとねる」と受動的な「ひとなる」をセットで覚えておこう。

それにもう一つ、「ひとねあげる」という表現もある。「ひとねる」＋「あげる《上げる》」。これは完了形で「やれやれ」といった感じだ。

「あそこの後家さんも女手一つで、よー《よく》ひとねあげさっせた《られた》わなあ。素直なえー娘《よいこ》にひとならっせて《られて》」

こうなれば「ひとねる」努力も報いられたというもの。このように一人前の人間にするのが「ひとねあげる」だ。くっくと努力したかいあって、当人にとってもこれはうれしかろう。

老人の口の端では「ひとねる」が「しとねる」になまることもある。「ひとなる」「ひとねあげる」も同様。「しちゃ（質屋）」を「ひちゃ」、「七転八倒」を「ひちてんばっとう」

人、寝る
「ひとねる」
昔からよう言うがや…
「寝る子は育つ!!」
GAAA…

などと言うのとは逆に、名古屋弁では「し」と「ひ」の混乱が見られる。

※秀吉は筆まめで多くの手紙を残している。そうしたものの中には「ひとねる」も登場してきているそうだ。武将の奥方たちも主君から直々に気配りされたら、旦那に一層忠誠を尽くすよう働きかけたにちがいない。

「ひとねる」は「ひとなる」から派生している。「ひとなる」は漢字にすれば「人成る」で、古語辞典には「成長する」「成人する」「おとなになる」などとある。本来は人間に対して用いられていた。

その「ひとなる」がいつしか消えてしまった。ところが、東海地方ではいまにも残り、しかもそこから「ひとねる」「ひとねあげる」が生まれてきた。これは名古屋弁として注目しておいてもよい言葉の一つと言える。

【豊臣秀吉】
秀吉の時代は尾張弁が標準語だった。腕力で劣る秀吉は頭を使って頭角を現した。尾張弁の「かんこう」(工夫、熟考)を好み、しばしば「勘考あってしかるべし」(『武功夜話』)などと家臣に命令を出している。

第五章　あそび

遊びが仕事であればよい

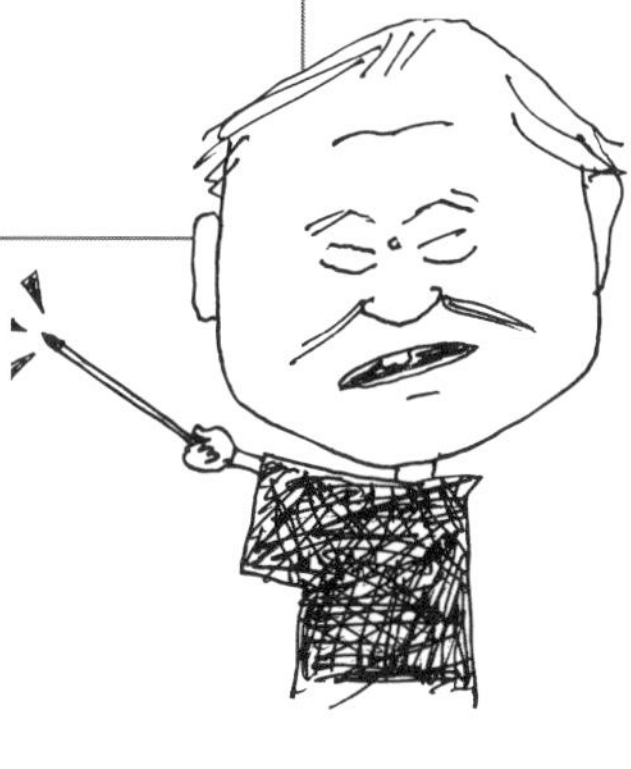

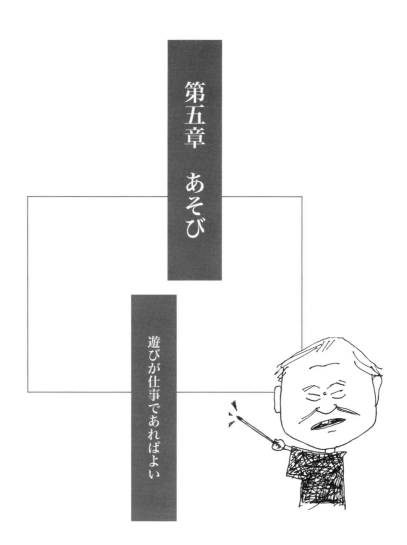

「くだれる《※下さる》も名古屋弁きゃあ《ですか》。よー《よく》聞くよ。やってくだれる、言ってくだれた、と」

「立派な名古屋弁だがね《ですよ》。腹が下るわけではにゃーよ《ありませんよ》」

「名古屋弁には独特の言い回しがあるねえ。上がれるはにゃーの《ないのですか》」
●上がれるなんか「あらすか」。イランや朝鮮はあるよ。えっ、ブラジルはないか、って？

あらすか

名古屋弁で世界お国めぐりを

「なに言ってりゃーす《いなさる》。そんなことあらすか《あるもんか》」

名古屋人の中には反論したりするとき、「あらすか」を使って自説を強調する人がいる。「そんなこと、あるもんか（いや、ありはしない）」と反語になっており、この言葉によって強い意志を示すことになる。名古屋弁の苦手な人も、これを使うと優位に立てる。

この「あらすか」は「あらず」＋「すか」だが、「ず」と「す」がいっしょになって「あらすか」になった。こんな例は多くあり、「いかず」＋「すか」で「いかすか《いくもんか》」、「やらず」＋「すか」で「やらすか《やるもんか》」、「やれず」＋「すか」で「やれすか《やれるもんか》」などがある。名古屋弁ならではの用法と言える。

「そんな方法でやれすか《やれるものか》。いままでのようにやらな《やらなくては》、うみゃー《うまい》こといかすか《いくもんか》」

一生懸命やっている割に、仕事がはかどらない。新しい手法を考えているようだが、成

【くだれる】

これには「下さる」の他に「いただく」「もらう」の意味もある。例「イチジクをくだれた」「お茶をいっぱいくだれんか」。

果が結果として現れてこない。そんなときはこう言って注意したり、文句を言ったりもする。

「あらすか」と聞いて「アラスカ」を連想した人もいるかもしれない。遠い国だと思っていたが、名古屋弁の中にあった。実はこの他にもわれわれの使っている言葉に、いくつかの国が入ってきている。


真っ先に浮かぶのがイランだろう。「そんなものはいらん《必要ない》」「いらんものなら、ほかったりやー《すててしまいなさい》」。何かが要る、要らないというとき、それを否定するのに「いらん」が出てくる。

「他にもまんだにゃーか《まだないのか》。いっしょに考えてちょーせんか《下さいませんか》」

このフレーズではお隣の朝鮮が出てくる。何かを頼むとき「やってちょーせんか《下さいませんか》」と言う。

「ちょー」は「頂戴」の「戴」が略されたもので、名古屋では「ちょー」が氾濫している。

この「ちょー」を使って頼みごとをするときに使うのが「ちょーせんか」だ。「ちょー」

よりも「ちょーせんか」の方が丁寧になる。「ちょっと新聞、取ってちょーせんか」などと、何かを気軽に頼むのに便利な言葉だ。

国名ではないが、アメリカの州にネブラスカがある。ここも名古屋弁に「ねぶらすか」として登場してくる。「ねぶらず」＋「すか」＝「ねぶらすか」で、「ねぶるものか」の強い意味になる。

これには子供のころの思い出がある。当時、おやつは何もなかった。戸棚の中に砂糖があり、こっそりねぶってはよくしかられた。「またねぶったな」に、子供ながら「ねぶらすか《なめてなんかいるものか》」で対抗したものだ。

そのころの親たちは戸棚のことを「となだ」と言っていた。それが正しいものと思い、同じように使っていた。しかし、これは「舌つづみ《鼓》」を「舌づつみ」※と言うのと同じように、ひっくり返って誤用されていたものだと後から知った。

それはさておき、問題は「ねぶらすか」だ。「ねぶる」は「なめる」の古語で名古屋弁というわけではないが、この地方ではよく使われてきた言葉である。赤ちゃんのなめるのはねぶりこだ。

「ねぶる」は「なめる」よりも迫力がある。ネコが皿を「なめる」というよりも「ねぶる」と言った方がすごみが出てくる。ＡＶのタイトルなんかに「愛のねぶり合い」（あいをかけております）などと付けたら、爆発的に売れるかもしれない。

「ねぶる」と言えば、ゴキブリの出没には悩まされる。それもそのはず、その語源は「御

【舌づつみ】

舌鼓の誤りではあるが、江戸時代の初めのころからこの言い方があった。いまでは間違いでないとして、これを載せている辞書もある。音が入れ替わることを「音位転換」または「音位転倒」と言い、英語で言う「メタセシス」。

器ねぶり」から来ている。御器とはお椀などの食器のことで、昭和区の御器所《ごきそ》は熱田神宮に納める御器を作っていたところから名付けられたとされている。

逆にねぶらないのが「ねぶらすか」だ。ネブラスカの人は決して皿などをねぶらない。あちらのゴキブリも「ねぶらすか」なのだろうか。

ちょっと「ねぶる」に深入りし過ぎた。もう他にはないか？と考えていたら、国や州ではないが「カラカス」が出てきた。南米ベネズエラの首都である。名古屋では強調するときに「からかす」を使っている。

「黙って聞いとりゃ《聞いておれば》、言いからかしたわ《言いたい放題だったわ》」

「バイキングだけど、そーも《そんなに》食べからかして《食べまくって》はいかん《いけません》。後から苦しなるで《苦しくなるので》」

「からかす」は「しまくる」「し続ける」の意。書きからかして《書きちらかして》きたけど、まだ他にも名古屋弁の中に隠された国名や地名があるかもしれない。お暇な方は考えてみてちょーせんか。もう「あらすか」って？　考えからかせばまっと《もっと》出てくるかもしれん《しれない》。

「どえりゃーえーとこだに《ものすごくよいところですよ》。一宮のツインアーチ138」
「ほーきゃあ《そうですか》。わしまんだ《まだ》いっぺんも行っとれせん。ほんなら《それなら》ちゃっと《早速》行ってくるわ」
「そーいそがんでも《そんなに急がなくても》、逃げてけせんで《逃げていきませんので》。ほーしゃ《それでは》今度いっしょにいこみゃーか《行きましょうか》」
●ツインアーチ138《いちさんはち》は一宮市の人気スポット。ぴかぴかに光っていて、見上げると「ひどるい」。

ひどるい

正ちゃん、いきなり帽子とっていかん、ひどるいで

食欲の秋、読書の秋、芸術の秋、スポーツの秋……。秋にはいろいろな形容詞が付けられている。過ごしやすい時期ではあるが短く、それだけに貴重で強調しておきたいからか。実りの秋は食べ過ぎて太り、運動せざるを得なくなる。このごろは早朝にママチャリで自宅近くの木曽川沿いを走ることが多い。自転車は歩くよりも速く、走るよりも楽でいい。

木曽川は長野県の木祖村に発して南へ下り、犬山からは西へ大きく向きを変え、一宮の北方町あたりでまた南流して伊勢湾に注ぐ。この犬山〜一宮間の川沿いには整備されたサイクリングロードがあり、この時期はあちこちからサイクラーがやってくる。

こちらは自宅近くにある一宮のシンボル、※ツインアーチ138から犬山まで川に沿ってさかのぼってゆく。刻々と変化する朝焼けの様子が面白く、まだ薄暗いうちに家を出る。朝日を浴びるのは狂いがちな体内時計をリセットするにもいいと聞く。

【タワーの夢】

木曽川沿いにある江南市草井の「すいとぴあ江南」は展望タワーの高さが57メートル。低っ。老朽化と採算面から近々、取り壊される運命に。名古屋には758メートルのタワーを建ててほしい。丸の内中学校は生徒数がごくわずかで近くの中学校に統合、その跡地に造ったらどう

か。観光施設を名古屋城近くに集中させる必要がある。稲沢は１７３８メートルのタワー？　無理、無理。

しかし、朝日を浴びるのはいいが、東へ向かうだけにまぶしい。目を細めながら、それでも全身に光を浴び、一時間ほどかけて犬山へ。こんなときに「ひどるい」が思い浮かんでくる。

名古屋では「まぶしい」ことを「ひどるい」と言う。光り輝いていて見えにくいこともあり、そんなときには危険も伴いがち。一日の仕事を終えての帰宅時は夕日が沈むころで、西へ向かうときにもやはり「ひどるい」。

「おれがリャート《ライト》守るの？　いま太陽が正面にあるもんで《ので》、フリャー《フライ》は落とらきゃーても《落としても》しらんぞ《知らないよ》」

ツインアーチ１３８

大きなフライが来たのでは捕りにくい。へただと思われてはしゃくなので、事前に弁解しておかなくてはならない。また、こういうときに限って、よく飛んできたりもする。

名古屋人は英語まで名古屋弁にしてしまう。ライトはリャート、フライはフリャー、エビフライもエビフリャーとなる。「あい（ai）」の連母音が来ると、発音は「あゃー（æː）」になる。タバコのロングセラー、ハイライトを買うときには「ヒャーリャート、一つちょー《下さい》」と言ってしまう。

いま出た「落とらかす」も微妙な心理や状況を表すのに便利な名古屋弁と言える。茶碗を割らかす、服を燃やらかすなどと、無意識のうちに「……らかす」を使っている。これには「意に反して」とか「ついうっかり」というニュアンスが含まれており、弁解するにはもってこいの言葉となる。

「ひどるい」イコール「まぶしい」と書いたが、『広辞苑』を引くと「まぶしい」には本来の「光が強く輝いてまともに見ることができない」の他に「まばゆいまでに美しい」というのも載っている。しかし、名古屋弁の「ひどるい」に後者の意味はない。用例にある「まぶしいほどの美人」を真似て「ひどるいほどの美人」とほめてあげても、キョトンとされるだけだ。

ひところ若い人の間で「まぶしい」や「まばゆい」ことを略して「まぶい」と言うのがはやった。いまなら「かわいい」かもしれないが、「あいつの今度の彼女、なかなかまぶいな」

【言葉は都から】

京都で発生した言葉が東西に伝わり、遠いところに残るものほど古いと見る。民俗学者の柳田国男の提唱した「方言周圏論」で、京都を中心に同心円状に伝わって各地に残ったとする。

などと言い、けなるがって《うらやましがって》いたものだ。「ひどるい」にも後者の意味を持たせ、光り輝いている人には「ひどるい人」と言ってもいいか。

名古屋の周辺には「ひどるい」に似た言葉がある。岐阜は名古屋と同じく「ひどるい」。三河では「ひずるい」とか「ひずるしい」と言い、静岡では「ひずるしい」「ひどろしい」「ひずらしい」などと「しい」を使っている。言葉の多くは京※の都から発生して伝わってきたことを思うと「ひずるしい」が古く、次いで「ひずるい」が生まれ、「ひどるい」はそれよりも後ということになるのかもしれない(あるいは「ひずるい」がなまって「ひどるい」になっただけなのかも)。

「ひどるい」の語源について、ある本は「日取るから出た詞」としている。これだけの説明だが、しかし、その真意は分かりかねる。朝日を浴びながらママチャリをこいでいて、「ひずるしい」が古い言葉だとすると「日出ずる」から来ているのではないかと思えてきた。

名古屋でも歴史的に見ると、以前は「ひずるい」と言っていた。それよりも古いと思われる「ひずるしい」は「日出ずる」+「らし」から出てきたか。日の出は待ち遠しいものだが、こんな「日出ずる」説を唱えると、聖徳太子には喜んでもらえるかもしれない。

「まー《もう》年とると、わっ《若》きゃー《い》女の子と話すききゃー《機会》がにゃあ《ない》。さびしいこっちゃ《ことですよ》」
「ほんでも《それでも》コンビニへは行くだろ。買い物しや《すれば》『ありがと《ありがとう》』と言ってまえるよ《もらえますよ》」
「昔はおつりを渡すとき、手を握ってくれる子もおった《いた》。いまはコロナでいかんわ《いけませんよ》」

●元気なスケベジジイにも困ったもの。深夜のコンビニは「かやかや」だ。

かやかや

印象的、暗いところでの明るさ

この前で「まぶしい」意の「ひどるい」を取り上げた。これに似た状況を表す名古屋弁に「かやかや」がある。明るいさま、光り輝くさまを言うとき、この言葉が出てくる。「かやかやだなあ。あんまり明るいで《ので》、ちょっと落ち着かんわ《落ち着かないですよ》」

大型電機店は電気に関係しているだけに、どの店も店内は明るい。特に家の近くにできたエディオンはワンフロアーの大型店で明るく、あそこへ行くたびに「かやかや」が思い出されてくる。天井にはLEDの蛍光灯がぎっしり取り付けられている。光は虫と同じように、人をも寄せ付ける。しかし、筆者の目にはひどるすぎ《まぶしすぎ》、よく利用するのはもう少し離れたところにある三階建てのヤマダ電機店だ。こちらは古くからの店で、あれほど明るくはない。

逆に「かやかや」でなくて困ったこともある。先日入った喫茶店の店内はちょっと暗すぎた。新聞が読みづらくて窓側の席へ替わることになり、そして思ったのは「まーちょっと《もう少し》かやかやにしてみゃーてゃーもんだなあ《もらいたいものですね》」だった。

「今日は朝からおてんとさま《お日様》がかやかやだがね《ですね》。暑なるぜえ《暑くなりますよ》」

ついこの前まで夏の暑さを嘆いていた。それがいまに「今日はさびぃーでかんわ《寒いのでいけませんよ》」と言うことになりそう。秋はあっという間に過ぎてゆく。

名古屋弁を代表するのが「なも※」だ。「あついーなも《暑いですね》」「さびぃーなも《寒いですね》」だが、筆者でもさすがに「なも」は使ったことがない。「なも」は名古屋城下に住んだ商人たちのもので（上町言葉）、それ以外の人たちは「えも」と言っていた（下町言葉）。かつては「なも」「えも」でその人の身柄までが分かった。

「暑なるぜえ」と書いたが、正しくは「ぜえも」であるべきだ。「ぜえ」でとめたのは「えも」を使いたくない気持ちが秘められている。「なも」はなんとか生き延びたものの、「えも」は早々と消えていく運命にあった。

ところで「かやかや」についてだが、この語源が分からない。「かや」は「輝く」と関係がありそうに思えるものの、どうすると二段重ねの「かやかや」になるのか。「にやにや」「にこにこ」と同じように擬態語の一種と言えるが、どこからどうやって生まれてきたのだろうか。

天気のよい早朝、木曽川沿いのサイクリングロードを自転車で走ることにしている。川に沿うようにして西へ下ると、二十過ぎくらいの女性がにこにこしながら向こうから「お

【なも】
上町言葉を代表するものの一つ。当初は「なもし」と言っていたが「し」が取れて「なも」になった。「なもし」と言うと愛媛の松山を舞台とした漱石の『坊ちゃん』を思い出す人もいるかもしれない。方言周圏論で言う、京都を挟んだ東西に残っていた事実を裏付けることになる。

はよーございま〜す！」とあいさつしてくれる。派手なウエアで髪をなびかせて走り去ってゆく姿はさわやかで、彼女を心の中で「かやかや娘」と名付けている。散歩するときでも、若い女性にはこちらから声を掛けない。スケベジジイと思われ兼ねないからだ。しかし、向こうからしてくれる「かやかや娘」には会いたいと、下りのコースを選ぶことが多くなってくる。

川をさかのぼると、今度は「かやかやおじさん」に出会う。彼はすれ違うときに左手を高々と上げ、明るくあいさつしてくれる。「かやかや娘」や「かやかやおじさん」に出会えるのはうれしく、会えないと逆にがっかりする。

「わあ、正ちゃん、いきなり帽子を取ったらひどるいがや《まぶしぃがゃ》」

友人の頭はつるつるで、それが自慢でもある。同じような人が三人おり、密かに「三光頭」と呼んでいる。三人とも性格までが「かやかや」で、この三人が一つのテーブルに着いたときの飲み会は異常なほどの盛り上がりをみせていた。

明るいさまを「かやかや」と言うが、この言葉が真の実力を発揮するのは、暗い中での明るさのあるときだ。夜も更けてきたのにビルのワンフロアーだけにこうこうと明かりがついている。夜更けのだれもいない道路や公園に、街路灯がおしげもなくともっている。全体は暗いのにそこだけが明るいとき、この「かやかや」という言葉が生きてくる。

「あそこの階はいつもかやかやだがね。このご時世に残業するほどの仕事があるのか」

高層ビルでは深夜になっても、そこだけが仕事をしている。あたりはすっかり暗くなっているので、その明るさがひときわ注目されてくる。まさに「かやかや」である。

夜は暗いとされているのに、満月ともなると明るい。これも「かやかや」だ。『竹取物語』のかぐや姫はお爺さんお婆さんに別れを告げ、満月の真夜中、月へ帰っていくことになる。あたりは真昼のように輝いたそうである。

「いつもケッタ《自転車》にのっとりゃーす《乗っておられます》ねえ」
「ケッタはえー《いい》よ。ガソリンも食わんし、知らんうちに運動にもなるし」
「わし、はでに転んでまって《しまって》、けったくそ《縁起》が《が》わり《悪》ぃー《い》で《ので》、まー《もう》乗れせんがね《乗りませんよ》」
●名古屋で生まれた方言「ケッタ」「ケッタマシーン」。ケッタ、大好き！

ケッタ

ケッタで転んで、けったくそが悪い

富山の井波別院瑞泉寺（真宗大谷派）へママチャリならぬジジチャリで行ってきた。井波は全国でもめずらしい彫刻の街であり、その基となったのは宝暦十二年（一七六二）に焼失した別院の再建にあった。京都の本山から宮大工や彫り師が派遣され、地元で職人を育成したのが始まりとされる。

「ケッタ」で行くことにしたのは、道中もゆっくり楽しみたいと思ったからだ。一泊目はひるがの高原の分水嶺※の手前、湯の平温泉の民宿、二泊目は世界遺産にもなった五箇山のシェアハウス。旅のねらいのもう一つは、自転車の方言「ケッタ」がどこまで通用するか、を確かめることにあった。

名古屋では自転車のことを「ケッタ」と言う。これは蹴ってから乗る「蹴り」に、強調する「やりたくる」「言いたくる」などの「たくる」を付けた「蹴りたくる」「蹴ったくる」

【分水嶺】
ひるがのには「ひるがの分水嶺公園」があり、大日岳から流れ出た水は南へ出て太平洋へ注ぐ長良川となり、北に流れた水は日本海へ行く庄川となる。また、このあたりは美濃と飛騨とに分ける境界線でもある。国道156号は二つの川に沿って走っており、アップダウンはあるものの景色は素晴らしい。

から来ている。この「ケッタ」が使われているのは名古屋を中心にした岐阜・四日市などだ。五箇山へ向かう途中、道の駅「飛騨白山」で休息し、さあ出発しようと思ったら、持っていたはずの鍵がない。かけたままでは動くに動けず、〝神隠し〟ならぬ〝鍵隠し〟で大騒動になった。結局は駅長さんに道具を借りて壊すはめになったが、「こちらで『ケッタ』は使わない」とのことだった。

もう飛騨へ入っている。美濃までは「ケッタ」が通用していた。分水嶺は言葉の分かれ道でもあったのか。

名古屋では当たり前のように「ケッタ」と言っているが、ぼくの中学・高校のころは使った覚えがない。当時、自転車はいまのマイカーのように大事なもので、ハンドルには鑑札（ナンバープレート）が付けられていた。止めておくときなどには、その一部分を抜き取ると数字が繋がらなくなり、それに乗っている者は泥棒だとすぐに分かった。

自転車をだだ《無駄》くさに使ういまとは違い、財産の一つとして大切に扱ったものだ。雨の日などに乗った後はさびないよう、油で隅々まで磨いた。それほど大事にしているものに、軽々しい方言などは付かなかったのではないか。

筆者は今年七十八歳になったが、「ケッタ」を聞くようになったのは二十代くらい、昭和

湯の平温泉の民宿前で（著者）

昭和50年代に
一世を風《ふう》靡《び》した「デコチャリ」…
我が愛しの
『ケッタ“クソ”マシーン』
だでっ!!
デニムの
ラッパズボン
巨大フラッシャー
シャツイン
バックミラー
ドロップハンドル
ディスクブレーキ
5段変速ギヤ

四十年以降からだったと思う。となると、発生はもっと前になる。おそらく初めは若者言葉として使われだし、それが世間一般でも用いられるようになってきていたのだろう。

　自転車のことを「チャリンコ」とか略して「チャリ」とも言う。これはベルを「チャリン、チャリン」と鳴らすことから来ている。別に韓国語の「チャルンケ」から来たとする説もある。「チャリンコ」「チャリ」は広く使われており、『広辞苑』にも「ちゃりんこ」として載せられている。

　こちらでは「ケッタ」に「マシーン」を付けて「ケッタマシーン」と呼ぶこともある。「マシーン」を付けるのは変速機のあるものやマウンテンバイクなど高級なものに多いようだ。そうなると筆者のママチャリには変速機があるので、「ケッタマシーン」に属していると言えるか。

　縫い物をする「ミシン」は「マシーン」から来た。輸入された当初、外国人の言った「sewing machine」が当時の人々には後ろの方だけしか耳に残らなかった。その「マシーン」が「ミシン」になって、肝心の「ソーイング」はどこかへ行ってしまった。

　二日目、五箇山のシェアハウスにいると、上のベッドに岐阜市から「ケッタマシーン」どころかレース用のような自転車で来た、二十歳の若者が転がり込んできた。彼との話で岐阜も「ケッタ」と言っていることを確認し、「静岡でも暮らした」と言うので聞くと「静岡では多分、言わない」とのことだった。

「ケッタ」で長く乗っているとお尻が痛くなる。庄川に沿って走っていて、ふと思い付いた。「ケッタ」の語源は「尻が痛い」↓「けつ痛」↓「けった」となったのではないか。しかし、これは〝公認〟されまい。

三日目は井波の街を探訪した後、砺波市の庄川温泉郷に泊まった。仲居さんに聞くと「ケッタ？ 使っとる《てぃる》。自転車のことちゃ《だよ》」とあっさり言う。ええっ、飛騨ではなかったのに、こちらに飛び火している？ これではまだ研究が足りない。

旅館をぜいたくにしすぎ、持ち金がなくなった。帰りは泊まるに泊まれず、そのまま家まで直行するはめに。夜中も「ケッタ」をこぎにこぎ、着いたときは真夜中の二時半だった。

「おーら《おれたち》の子供のころは『いんちゃんしー』か『いんちゃんほい』だったがや《ですよ》」

「最初はグーなんて言わなんだ。志村けんがテレビで言い出したらしいぜ」

「しょうや、よー《よく》やったなあ。パチン、パチンとぶっつけて、あぶって《風を送って》」
●めんこではなく「しょうや」。子供のころからギャンブラー。

しょうや

「庄屋」からきたので「しょうや」だがね

子供のころ、一番の遊びと言えば「しょうや」だった。厚手の紙に絵が描かれ、丸い形のものと長方形のものとがあった。絵には相撲取りや役者・歌手などがカラーで印刷されていた。

相撲取りは双葉山や大内山・千代の山・鏡里、役者では市川右太衛門や嵐寛寿郎・片岡千恵蔵らがあった。歌手では美空ひばり・松島トモ子・小鳩くるみなど。彼女らがいかに早くから名子役として活躍していたかが分かる。

この遊び方は地面に置かれた相手の「しょうや」を、その脇に自分の「しょうや」を打ち付け、風でそれをひっくり返せばもらえた。これが最も基本的な遊びで「あぶち」と言っていた。「あぶち」は「あ

ぶつ」の名詞形で、「あぶつ」は「あおる」意のこれまた名古屋弁である。

心臓がどきどきすると「このごろは胸があぶってかん《いけません》」と嘆き、夏に暑がっている人がおれば「そーも暑けりゃ《そんなに暑ければ》、うちわであぶってやーまそか《あおってあげましょうか》」とやさしく声をかけたりもした。「しょうや」と同様、「あぶつ」もまだ辞書に載っていない。この地方ならではの方言の一つである。

子供のころ「しょうや」は大事な宝物だった。勝てば手元にたまり、負ければなくなってゆく。何とかひっくり返されないよう、裏に油や蝋《ろう》を塗ったりもした。子供ながらに早くもギャンブラーで、負けると悔しくて夜も眠れなかった。あまり力を入れすぎて遊び、夜中に右腕がずきずき痛んだことまでが思い出されてくる。

こちらでは「しょうや」と言っていたが、関東・関西や北海道などの多くは「めんこ」だった。福島や長野、山陽地方や九州東部などでは「ぱっちん」と言われ、これが「めんこ」に次いで多かった。「しょうや」と言っていたのは名古屋を中心としたこの地方だけのようである。

「めんこ」は「面子」で、当初は「おはじき」のようにした平べったい泥に、人や動物の顔が作られていたことによる。この泥めんこがやがて紙めんこになった。「ぱっちん」はその名の通り、ぱっちん、ぱっちんと打ち付けて遊んだことから来ている。

では「しょうや」は何から言われ出したのか。「しょうや」で辞書を引くと、村長さんの「庄屋」しか載っていない。当地方で言う「しょうや」はこれから来ている。

名古屋出身の江戸時代の文人、小寺玉晁《ぎょくちょう》はその著『児戯』の中で「庄屋拳」という遊びを紹介している。二人が対座して優先権を決めるときにやることが多かった。いまで言う「※いんちゃん《じゃんけん》」に等しい。

両腕を伸ばして胸の前で手を垂らすと狐、前かがみになって両手を膝の上に置き肩をいからせると庄屋、片手を前に出して鉄砲を撃つ真似をすると猟師。これを同時にして、勝敗を決めた。猟師は狐に勝ち、狐は庄屋に勝ち（化かせる）、庄屋は猟師に勝つ（鉄砲の許可権を持っていた）。

筆者はこんな遊びを見たこともない。しかし、『広辞苑』を引くと「庄屋拳」

小寺玉晁『児戯』より

【いんちゃん】
この語源が分からない。じゃんけんは「両《りゃん》拳《けん》」から来ており、当初は両手を使ってやっていたのだろう。するときの掛け声は各地で異なっていて面白い。例「ちっけったっ」（岩手）「ちっこいせっ」（山梨）「しーやんえすっ」（愛媛）「じゃいけんしっ」（福岡）など。

あるいは「狐拳」として載っている。かつては全国的に行われていた遊びなのだろう。

「いんちゃん」はこれを簡略化したものだ。そう言えば四角い「しょうや」の片隅にはそれぞれに「ぐう」(石)「ちょき」(はさみ)「パー」(紙)の小さな絵が添えられていた。これを「いんちゃん」代わりに出し合って、みんなで遊んだこともある(ここでもまた賭けていた)。

「しょうや」に相撲取りや役者などが登場する以前には、ここに狐と猟師、それに庄屋の絵が描かれていたにちがいない。この地方のご先祖たちはその中で庄屋に注目し、これを「しょうや」と呼ぶようになったのだろう。名古屋人はやっぱり権威に弱かったか。

ちなみに、庄屋は関西地方で使われ、関東地方では名主《なぬし》と言っていた。庄屋を使った名古屋は関西圏に属していたことになる。関東の方で庄屋の肩書きで名前のある古文書が出てきたら、まずは偽文書を疑ってみる必要がある。

「孫が駄菓子屋さんごっこが好きで、あれこれとねだられてまって《しまって》……」
「うちもだわ。いまはおうち駄菓子屋の時代だでなあ。いろいなものが売られとる《ている》」
「わしらの子供のころにあった駄菓子屋はまーあれせん《もうありません》でかんわ《のでだめですわ》」

●駄菓子屋は何でもあったワンダーランド。当然、人気の「かっちん玉」も置かれていた。

かっちん玉

取った、取られたで夜も眠れず

子供のころ「かっちん玉」はしょうやと並び、男の子には人気のある遊び※だった。「かっちん玉」の共通語は「びー玉」、しょうやのそれは「めんこ」。「かっちん玉」もしょうやも、この地方ならではの名称だ。

しょうやが取ったり取られたりするバクチだったように、「かっちん玉」もまたその対象だった。だから、余計に夢中になれた。手元にいっぱいたまるのがうれしく、負けると夜も眠れないほど悔しかった。

たくさんもうけて缶詰の缶に入れ、柿の木の近くに埋めたこともあった。成長してからそれを懐かしく思い出したのだが、久しぶりに帰ったわが家の庭には柿の木がないどころか、一変していて場所もわからないほどだった。少年時代のお宝はいまだ地中のどこかに眠ったままである。

【クギ刺し】

子供のころ、男子の遊びに「クギ刺し」も人気だった。五寸クギのように大きなクギを、相手の進路をじゃまするように地面へ突き刺してゆく遊び。当時はどこにでもむき出しの地面があったし、クギを持っていても叱るような大人はいなかった。

「かっちん玉」の語源はぶつけるとカッチン、カッチンと小気味よい音がして、そこから生まれてきたもの。これに対して「びー玉」はガラスの異称である「ビードロ」でできた「玉」ということから来ている。われわれの子供のころは「びー玉」などと言ったことはなく、もっぱら「かっちん玉」だった。

玉にもいろいろな種類があった。ラムネの瓶にある玉のような緑色をしたもの、牛乳のように白濁したもの、水中花のように柄を入れたもの。そんなものをポケットに詰め込んで、いつもジャラジャラさせていた。

これを使った遊びにはいろいろなものがあった。一番簡単なのが地面に置かれた相手の玉を、目の高さから落として当てる遊び。これを「めっか」と呼んでいた。

いま思うと置かれた相手の玉のそばに立ち、目の高さから落とすだけの単純な遊びでしかない。しかし、これに取る、取られるのバクチがからんでくる。単純だけど欲がからみ、夢中になってやったものだ。

あれは何と言っていたのだろうか。地面に大きく描いたプラス（＋）の先端部分四個所と、交差する中央部一個所、計五つの小さな穴を空けておいて、そこへ指先ではじいて順番に入れて上がる速さを競う遊び。玉のあるところから始めるのではなく、自分の手のひら分だけ前に出せるのがミソだった。

思い出した。「どぼん」という遊びもあった。地面に三十センチ前後の正方形を書き、参加者全員が「かっちん玉」をその中へ供出する。そうしておいて、代わる代わるに自分の「かっちん玉」をぶつけ、中にあるのを外へはじき出すともらえた。

四角を書くのは釘か、そこらにある木の枝を折ったもの。折りたたみ式のナイフ「肥後守」はいつもポケットの中にあった。これで笹や竹を切って吹き矢を作ったり、竹とんぼを作って飛ばしたりしたが、いくらケガをしようと禁止されるようなことはなかった。

運悪く自分の玉が枠の中で止まってしまったら失格だ。ドボーンと落ちてしまうから「どぼん」なのだ。これはギャンブル性が高く、一番人気のある遊びだった。

「どぼんやろみゃーか《やりましょうか》」

「よーし、今日は勝たなかん《勝たなくてはいけない》。きんのう《昨日》負けてまっとるで《しまっているので》」

何人かが集まって、もう遊びに夢中だ。親が声をかけても、聞く耳などは持たない。夕暮れを過ぎて帰ると、しかられるのが恐かった。

二番目に挙げた遊びは何と言っていたのか。気になってきたので、幼なじみに電話で聞いてみた。

「そーいや《そう言えば》、よー《よく》やったよなあ。あれは穴入れと言っとれせなんだか《言っていなかったか》なあ」

「穴入れ？　そんな卑猥ななみゃー《名前》だったかあ」

「考えすぎがたわ。穴入れだよ、穴入れ。まちぎゃーにゃあ《間違いない》」

みなさん、こんな遊びしていませんでしたか。それをどう呼んでいましたか。だんだん穴入れと言っていたような気がしてきたけど。

【バンテリンドームナゴヤ】
中日ドラゴンズのホームグランド。ナゴヤドームの名で親しまれてきたが、今年から五年間、興和が命名権を取得してこの名称になった。ドームは三菱重工業の大幸工場跡地に一九九七年に造られている。

「かっちん玉」と言うと、近年ではバンテリンドームナゴヤ※の近く、東区矢田南一丁目にある六所神社の「かっちん玉祭り」が浮かんでくる。毎年二月二十六日に行われており、当日は「かっちん玉」と称するあめ玉が売り出される。竹の先に白や赤、青の丸いあめを付けたもので、遊びの「かっちん玉」を少し大きくしたような形でもある。

このあめ玉が祭りで売られるようになったのは明治の初めのころからだとか。これを買った子供たちはたがいにその固さを比べようと、あめ玉とあめ玉をぶつけ合ったといい、その音から「かっちん玉」の名が生まれたとされている。遊びの「かっちん玉」とあめの「かっちん玉」とは全然違うものだが、その名称はどちらが早く登場していたのだろうか。

この六所神社は安産の神様として信仰されてきた。一説には「かっちん玉」はへその緒をかたどったものともされている。ここの末社に龍神社があり、バンテリンドームナゴヤに近いことから、中日の選手が集団で優勝祈願に訪れることでも知られている。

「ママー、このお人形さんほしいっ！　小さいのなんかいやっ！」

「これはお店の看板だで《ですから》だめ。ペコちゃんやポコちゃんの人形、うち《家》にもあるがね《ありますよ》」

「やだ、やだ。こーゆう《こういう》大きいのがほしい（と言って、つくなう《しゃがみ込む》）」
●おもちゃにするには大きすぎる。しかし、小さな「でこぼろ」では物足りないのか。

でこぼろ

ニッポンは「でこぼろ」であふれている

「人形」のことを「でこぼろ」あるいは単に「でこ」とも言う。おばあさんが「そんなことして。でこぼろの首、ぬいーてまってだちゃんかんがね《抜いてしまっていけませんよ》」などと、いたずら好きの孫をたしなめる。かと思うと、人形の絵を描いているのを見て、「じょーずにでこぼろが描けたねえ」と誉めたりもする。

この「でこ」は「でく」のなまったもの。『広辞苑』で「でく」を引くと「木偶」として「①木ぼりの人形。木偶人。②あやつり人形。③物の役に立たない人。でくのぼう」とある。宮沢賢治が「雨ニモマケズ」で歌った「デクノボートヨバレテ」の一節も浮かんでくる。

では「ぼろ※」は何だと追及されると困るのだが、これは「ぼろ切れ」「ぼろい家」などと言うときの「ぼろ」ではないか。昔は遊び道具などに立派なものはなく、あったとしてもいつまでも使っていたから「ぼろぼろ」になっていた。「ぼろい話」と言うともうかる

【ぼろ】

使い古した布や着物のことを「ぼろ」と言う。その状態を表すのが「ぼろぼろ」だ。名古屋弁の「ぼっこ」もぼろやくずを指し、転じて粗悪品をも意味する。昔はこれらを巧にリサイクルしており、買い集める人を「ぼっこ屋」「ぼっこ買い」と言っていた。

いい話だが、これも本来は元手や労力なしの「ぼろ」い状態でひともうけする虫のいいことから来ている。蛇足ながら「ぼろい」は「ぼろ」に形容詞化する「い」が付いてできたものだ。

　ケンタッキー・フライド・チキン（以下、ＫＦＣ）の前を通りかかると、時々、旅行中のアメリカ人が「でこぼろ」カーネルおじさんの前で記念写真を撮っていたりする。この「でこぼろ」は彼らにもめずらしいらしく、本場のアメリカにもないとのこと。カーネル・サンダースが初めて来日した

《知っとく、納得》

東西方言の境界線は？

　方言は大きく関東系と関西系とに分かれる。その境目はどこになるのか。過去に五つの言葉をもとに調査されたことがある。

　①「買った」と言うか「こうた」と言うか、②「白くなる」か「白なる」か、③否定は「やらない」と言うか「やらん」と言うか、④断定するときは「そうだ」か「そうじゃ（や）」か、⑤命令するときには「受けろ」か「受けよ」か。以上、五つの言葉をもとに広い地域にわたって調べられた。

　結果は図にようになり、その中間、新潟の糸魚川から静岡の浜名湖を結んだ線が境界とされた。多くの場合、このあたりが東西の分かれ目とされ、言葉も例外ではなかった。ちなみに、最初にあげた方が関東系。

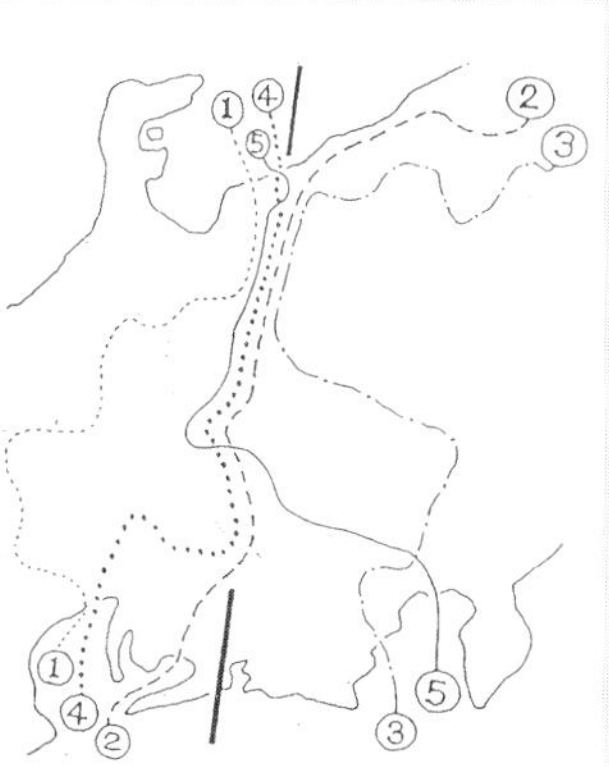

東西方言の境界線
『方言から見た東海道』より作図

とき、あまりにもそっくりな自分の「でこぼろ」に仰天したそうだ。

日本へ進出するにあたって、担当者らは考えたにちがいない。不二家の〝ペコちゃん〟、コルゲンコーワの〝ケロちゃん〟、佐藤製薬のゾウ〝サトちゃん〟。大阪ではくいだおれのチンドン人形が有名だし、名古屋ではかに本家のサワサワ動くカニの作り物もあった。

こうしたものは広告塔として効果絶大で、立っているだけで客を誘い込んでくれる。これらはなにも近代に始まったことではなく、古くは福助や招き猫などにも見られた。一升徳利を下げた※タヌキを見かけると、ついふらふらーっと引き込まれてしまうのは筆者だけではなかろう。

日本の国はこのようなところだと見抜き、KFCがカーネル人形を作り出したのは立派。形にすれば分かりやすいし、親しみやすさも湧いてくる。最近よく言われる「見える化」とか「視覚化」を先取りしていたとも言える。

KFCもアメリカや他の国では平面的な看板だけだそうな。所変われば、演出も変わってくる。なんでも立派な「でこぼろ」にしてしまう日本は大した文化大国である。

東京の築地へ行くと、すしざんまいの店がいくつもある。それらの店の前には笑顔で迎

まるは食堂 JR 名古屋駅店前に立つ「うめさん人形」

【タヌキの置物】

「他を抜く」から縁起物とされる。とっくりと、もう一方の手には大福帳を持ち、それには、丸の中に八（㊇）と書かれているものもある。タヌキでも八幡様（㊇は岩清水八幡宮の社章）を信仰しているという教え。

える社長の人形が置かれている。先のアメリカ人ではないが初めて出合ったとき、こちらも並んで記念の写真を撮ってしまった。

視覚化をもっとさかのぼってゆけば、偶像崇拝にまでたどり着く。仏様はいろいろな姿で目の前に現れてきて下さる。その点、神様は分かりにくかったが、こちらでも様々な神像が作られてきた。

「でこぼろ」からえらい《大変な》話になってしまった。しかし、考えてみると「でこぼろ」と言われているのはおおむね質素なものだ。高級なひな人形やフランス人形などには「でこぼろ」と言わない。

「でこぼろ」と呼ばれているのはごく身近にあり、おもちゃ化されたありふれたものが多い。となるとカーネル人形も福助なども「でこぼろ」と呼ぶにははばかられるような気がしないでもない。しかし、親しみを込めて、これもやっぱり「でこぼろ」でよいか。

いま、こんなことを言ったら怒られてしまうが、頭の大きいずんぐりむっくりの人を「でこすけ」と言っていた。『ナゴヤベンじてん』は「オデコ、デスコ、ひたいのでているひと。（スケは福助、のんきスケ、パンスケ）」とある。そんな人を「かーぶんす」とも言ったが、これは仮分数から来ていた。

七夕祭りなどに大きな張りぼての人形が出されたりする。孫の手を引いたおばあさんが「ほれ、見てみやあ《みなさい》。おつきいなあ。アンパンマンのでこぼろだに《ですよ》」などと言っている。やっぱり「でこぼろ」なんだよなあ、これも。

「知っとりゃーすか《知っていますか》。江戸じでゃー《時代》には中区の丸の内に御馳走所があったの」
「ごっつぉー《ごちそう》が食べられるのか。ほんで《それで》いくらぐりゃー《くらい》いった《要った》の？」
「あっても、いかんわ《いけませんよ》。えりゃー《偉い》人たちだけのもん《もの》だったで《ので》」

●御馳走と言えば、まず「ひきずり」。名古屋は牛肉ではなく「かしわ」だった。

ひきずり

負けるものか、肉の争奪戦

冬の家庭料理の王様は「ひきずり」だ。いまはこの「ひきずり」を使う人は少なくなり、「すき焼き」にその座を奪われてしまった。しかし、数ある鍋料理の中で「ひきずり」は依然、王者として君臨している。

「※ばんげ《夕刻》はひきずりだで《ですから》、はよ帰ってりゃーよ《早く帰ってきなさいよ》」

「おお、そりゃえー《それはよい》なあ。ちゃっと《直ぐに》帰ってこなかん《こなくてはならない》」

「ひきずり」と聞くとテンションが上がる。この日は途中で一杯なんてことはしない。鍋を囲んでの団欒がおいしさを一層盛り上げてくれる。

この「ひきずり」は「ひきずり鍋」の略されたもの。語源についてはいろいろな説がある。ぜいたくになったいまとは違って特別の料理で、それだけに余計あれこれと言われてきたのかもしれない。

【ばんげ】

『広辞苑』には「晩景の転か」とある。「ばんげしま」となると同じ晩方でも早い方、夕暮れどきに限定されてくる。このころは「たそがれ」どきでもある。「たそがれ」は「誰（た）そ、彼」から生まれたとされ、「おみゃーさん、だれだってゃー」と確かめてみたくもなろう。

一般的なものとしては鍋から肉などを茶碗に持ってくることから「ひきずり」と言うようになったとする説。始める前に熱くなった鍋を脂身で「ひきずり」回すからとの説も。また、おいしさが後々まで「ひきずり」、また食べたいと思うからとするものもある。

名古屋地方では大晦日にこれを食べる風習があった。一年を終わるに当たり、何事も新しい年に引きずらないように、とのこと。これはわが家でいまに至るまで踏襲されているが、いいことは翌年にも引きずっていった方がいいように思うのだが……。

「今晩はなんにしよかしゃん《何にしょうかしら》。なんか食べてゃーもの《食べたいもの》、ある?」

「ひきずり!」

「いかん《だめ》、ひきずりは大晦日!」

各種の鍋料理はするのに「ひきずり」はなかなかしてくれない。伝家の宝刀を抜くのは年に一度、大晦日のときだけ。こちらは昼飯に吉野家で牛すき鍋膳を食べているのでまあいいが、やっぱりわが家で「ひきずり」をちょくちょく食べたいものだ。

いま「ひきずり」は牛肉が主だが、名古屋地方は鶏肉を使っていた。鶏肉は「かしわ」と言った。てっきり名古屋弁の一つと思っていたが、「かしわ」は『広辞苑』にもある共通語だ。しかし、これを根付かせ、全国に広め、定着させたのが名古屋だった。

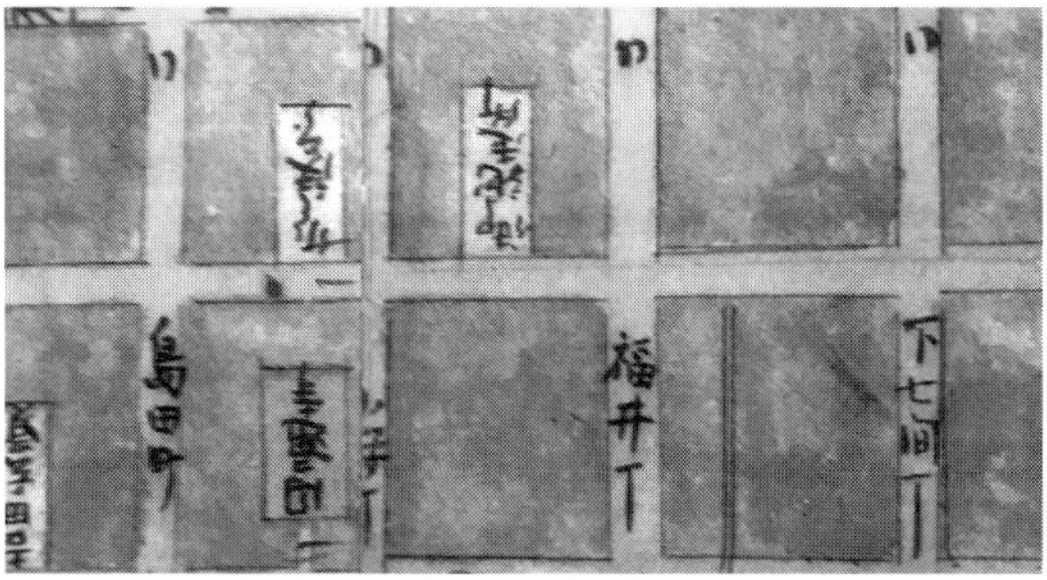
中区にあった御馳走所(中央)『名古屋城下図』より

そもそも「かしわ」の発祥は大阪だったらしい。牧村史陽編『大阪ことば事典』によると、近松門左衛門の『本領曽我』に「かしわ」が出てくるとし、「かしわ屋」は天保（一八三〇～一八四四）のころ、北堀江三丁目にできた「鳥宗《とりそう》」が最初とある。

しかし、われわれが使っていた「かしわ」は名古屋コーチンのことだ。これは海部俊樹元首相の先祖、失禄武士だった海部荘平・政秀兄弟が地鶏と渡来のバフコーチンとを掛け合わせ、苦労のすえに作り出したもの。これが卵をよく産むわ、肉はうまいわと評判になり、尾張地方は「海部のウスゲ」一色に塗りつぶされていった。

東海道線が開通すると専用の貨物列車まで出て、羽が生えたように全国へ出荷された。こうして農家で飼育するニワトリは地鶏を押しのけ、次第に「海部のウスゲ」へと替わっていく。これを「名古屋コーチン」と名付けたのは他ならぬ「かしわ」の発祥地だった大阪の人たちである。

コレがホントの「ひきずり」だぎゃあ～
ヤダヤダッ!!
ばんげは、「ひきずり鍋」だて！
名古屋コーチン
ズルズル…

これほど人気だったものが、一

【ひね】
古くなったもの、年を経たもの。この動詞形が「ひねる」だ。例「ひねカボチャみてゃー、うまにゃーわ」。一節太郎「♪ひーねた女房に未練はないが……」（逃げた、だったか）。

時、どうしていなくなってしまったのか。それは昭和三十年代の貿易自由化に伴い、アメリカから産卵用と食肉用のニワトリが輸入され出したからだ。名古屋コーチンは二羽を相手に戦うはめになり、負けてまたたくまに消えていったが、このごろはグルメブームに乗って復活してきている。

かつてニワトリは農家の副収入を産む金の卵で、農家がその肉を食べるのは年老いて卵を産まなくなった「ひね」※。この肉がまたこくがあっておいしく、一般にもてはやされるようになった。いまはわざわざ長期間飼育して「ひね」を出荷する養鶏業者もあるほどだ。

「ひきずり」には野菜やコンニャク、カクフなども要る。こうした具は「かやく（加薬）」と言い、「ひきずり」の肉以外の総称とされた。中でもネギは「ひきずり」に必要不可欠なもので、それも青い部分の多いこの地方特有のものだった。

「久しぶりに貫一っさ《貫一さん》がござるで《来られるので》、ひきずりにでもするか」

「ええっ、今日？ちゃっと《早速》ひきずりのまわしせなかん《用意しなくてはいけない》」

こんなとき、父親が物陰でニワトリの首を絞めていた。残酷ではあるが子供ながらに、生きることの意味や命の尊さを教えられた。おいしい「ひきずり」に舌鼓を打ったものの、翌朝、一羽減った鶏小屋が妙に広々と見えたものでもある。

おわりに

思えば、いい人たちに恵まれたものだ。この原稿は初めから本にするつもりはなかった。風媒社の山口章社長から声をかけられたものの、データはまったく保存しておらず、かといって、いまから打ち直す気にもなれなかった。

これはＪＡなごやさんの広報誌「Ｃｉｔｙ Ｎａｇｏｙａ」に連載させてもらっているもの。一つの名古屋弁をキーワードに、読み切り形式で書いてきた。これを本にする気持ちになれなかったのも、すでに同様のものを『名古屋弁重要単語熟語集』（①～⑤）として自主出版しており、二番煎じでしかないと思っていたからでもある。

同誌を制作・印刷しているのは名古屋市東区にある愛明社さんだ。山口社長の強い勧めもあって担当の田中恒一さんに問い合わせてみると、「データは全部持っている」との思ってもいなかった返事。これがなかったら、せっかくの誘いにも乗れなかった。

出してもらうからには、出版社に迷惑はかけられない。本文は生かしたものの、前書きを書き加えたり、コラムや注釈、写真に図表を付けるなど、それなりに工夫をした。出版が大変なことは自分が一番よく知っているつもりだ。

本は作るよりも売る方がはるかに難しい。自分で出す本以上に、販売面で協力させてもらうつもりでいる。その一つとして名前をインパクトのある「五月三十日武志郎」でやりたいと提案してみた。

五月三十日で「ゴミゼロ」と読み、いまの武志に「郎」を付けてちょっと立派に見せかける。誕生日の五月三十日がいつしか「ゴミゼロ」の日となり、環境を重要視するいまの風潮にも合っている。これなら強烈な名前で販売に少しは貢献できるかと思えたが、山口社長からは「だめ、やるなら自分の本でやって下さいよ」と一蹴されてしまった。

出してもらうからには、協力を惜しまない覚悟でいる。それが執筆者の責務でもある。原稿から手が離れるいま、自分でできそうなことをあれこれと考え始めている。

連載の「ＣｉｔｙＮａｇｏｙａ」でイラストを描いて下さっているのが中村剛《たけし》さんである。今回、快く使わせていただくことができ、ありがたく思っている。表紙は風刺漫画家の佐藤正明さんのお世話になった。また、編集で苦労をおかけした風媒社の山口社長・新家さんにもお礼を申し上げたい。こうした方々のおかげで、思ってもいなかった本になりそうである。感謝あるのみだ。

※「ちんちこちん」と「おそそ」はボツ原稿を収録。

舟橋武志

●主な参考文献

『随筆名古屋言葉辞典』 山田秋衛　泰文堂
『ナゴヤベンじてん』 荒川惣兵衛　自費出版
『ザ 尾張弁』 伊藤義文　ブックショップマイタウン
『東海の方言散策』 山田達也ほか　中日新聞社
『愛知県の方言』 愛知県教育委員会　文化財図書刊行会
『東海のことば地図』 竹内俊男　六法出版社
『名古屋方言の研究』 芥子川律治　泰文堂
『日本の方言地図』 徳川家賢　中央公論社
『方言の日本地図』 真田信治　講談社
『大阪ことば事典』 牧村史陽　講談社
『広辞苑』 新村出　岩波書店
『ウィキペディア』 インターネット　ウィキメディア財団

［著者略歴］

舟橋武志（ふなばし・たけし）

昭和 18 年（1943）、現在の岩倉市生まれ。名古屋タイムズ記者、図書月販を経て、昭和 46 年に独立。以降、ミニコミ雑誌の創刊、編集の代行業務、郷土資料の出版、ミニ書店の開業・閉店と試行錯誤を繰り返しながらも、活字の世界に身を置く。一人出版社＆ネット古書店「ブックショップマイタウン」を営む。趣味はママチャリで、季刊誌「自転車大好き！」を発行。高齢者自転車倶楽部「abcRIDE」会員。著書に『名古屋弁の構造』『将軍毒殺　実録・名古屋騒動』など多数（いずれも自主出版）。

カバーデザイン／佐藤正明

名古屋弁トキントキン講座　どえりゃーおもしれーでかんわ

2021 年 11 月 17 日　第 1 刷発行　（定価はカバーに表示してあります）

著　者　舟橋　武志

発行者　山口　章

発行所　名古屋市中区大須 1 丁目 16 番 29 号
電話 052-218-7808　FAX052-218-7709
http://www.fubaisha.com/
風媒社《ふうばいしゃ》

乱丁・落丁本はお取り替えいたします。

ISBN978-4-8331-1564-3

名古屋の江戸を歩く

溝口常俊＝編著

ふり返れば、そこに〈江戸〉があった——。いにしえの名古屋の風景を求めて、さまざまな絵図・古地図・古文書から、地名の変遷、寺社の姿、町割りの意味、災害の教訓などを読み解く。

一六〇〇円＋税

名古屋の明治を歩く

溝口常俊＝編著

江戸の面影が徐々に消え去り、近代的な産業都市へとめまぐるしく変化した明治時代の名古屋。洋風建築、繁華街、城と駅などにまつわる転換期の風景や世相・風俗を読み解き、近代名古屋のルーツを探る。

一六〇〇円＋税

尾張名所図会　謎解き散歩

前田栄作＝著

『尾張名所図会』をお供に、尾張の町にあふれる「なぜだろう」「なんだろう」を解き歩く。昔はどんな風景であったのか想像しながら散歩に出かければ、これまで以上に町歩きが楽しくなる！

一七〇〇円＋税

名古屋ご近所さんぽ

溝口常俊＝編著

あなたもやってみませんか？　特別な準備は不要。自分流にアレンジして、身近な場所を手軽に楽しむ散歩のヒント集。

一二〇〇円＋税